ACCESO GRATIS ***a la Lectura en la Nube***

Para visualizar el libro electrónico en la nube de lectura envíe junto a su nombre y apellidos una fotografía del código de barras situado en la contraportada del libro y otra del ticket de compra a la dirección:

ebooktirant@tirant.com

En un máximo de 72 horas laborales le enviaremos el código de acceso con sus instrucciones.

INTRODUCCIÓN AL ESTUDIO DE LA REPUTACIÓN CORPORATIVA Y DE LOS INTANGIBLES LIGADOS A LA COMUNICACIÓN

Procedimiento de selección de originales, ver página web:
www.tirant.net/index.php/editorial/procedimiento-de-seleccion-de-originales

INTRODUCCIÓN AL ESTUDIO DE LA REPUTACIÓN CORPORATIVA Y DE LOS INTANGIBLES LIGADOS A LA COMUNICACIÓN

JOSÉ RAFAEL SANTANA VILLEGAS

tirant lo blanch
Ciudad de México, 2024

En caso de erratas y actualizaciones, la Editorial Tirant lo Blanch México publicará la pertinente corrección en la página web www.tirant.com/mex/

Este libro será publicado y distribuido internacionalmente en todos los países donde la Editorial Tirant lo Blanch esté presente.

Colección dirigida por:
ANA BELÉN CAMPUZANO
(Catedrática de Derecho Mercantil)
ENRIQUE SANJUÁN Y MUÑOZ
(Magistrado)

© EDITA: TIRANT LO BLANCH
DISTRIBUYE: TIRANT LO BLANCH MÉXICO
Av. Tamaulipas 150, Oficina 502
Hipódromo, Cuauhtémoc, 06100 Ciudad de México
Telf: +52 1 55 65502317
infomex@tirant.com
www.tirant.com/mex/
www.tirant.es
ISBN: 978-84-1056-976-8
MAQUETA: Tink Factoría de Color

Si tiene alguna queja o sugerencia, envíenos un mail a: atencioncliente@tirant.com. En caso de no ser atendida su sugerencia, por favor, lea en *www.tirant.net/index.php/empresa/politicas-de-empresa* nuestro procedimiento de quejas.

Responsabilidad Social Corporativa: http://www.tirant.net/Docs/RSCTirant.pdf

ÍNDICE

PRÓLOGO

Si resulta complejo definir aquellos términos de carácter técnico y especializado por el conocimiento y competencia que se requiere para ello, no resulta de menor exigencia abordar aquellos otros de uso común y conocidos por la mayoría, para otorgarles el valor científico que les corresponde. Mientras los primeros adquieren un halo misterioso por su carácter desconocido tan solo con ser escuchados, las palabras que empleamos en el día a día, de manera cotidiana, pareciera que se devalúan, ya que si bien adquieren un significado asequible para todos, en ocasiones es parcial, sesgado e incluso erróneo. Solamente un trabajo profundo, riguroso y metódico puede devolver a estos términos al Olimpo de la Ciencia.

El término reputación es uno de estos términos, comunes y habituales en nuestro día a día, cotidiano para casi cualquier persona sea cual sea su profesión, formación y clase social. Una expresión que, con este libro, retorna al lugar que siglos atrás filósofos y pensadores le otorgaron, añadiendo a esta visión filosófica, la científica, pues su autor aplica rigurosamente este método para convertir la expresión Reputación Corporativa en un término científico.

En lo que llevamos de siglo, el valor de los activos intangibles en las organizaciones ha superado a los tradicionales tangibles, lo que ha provocado la necesidad de contar profesionales con una formación específica en esta disciplina. Formación que, en ocasiones, todavía no existía. Por ende, la velocidad tan vertiginosa que hoy en día caracteriza el desempeño en las organizaciones ha provocado una situación donde casi a la par se ha ido consolidando esta profesión y un marco teórico desarrollado por la Academia.

En este caso, la producción científica sobre intangibles ha sido prolífica en los últimos años como cabía esperar, sin embargo —como ocurre de manera general— la mayoría se manifiesta en artículos de revistas científicas. Hoy en día son pocos los que se comprometen con la elaboración de libros o manuales donde —por cuestiones de espacio— se puede ahondar sobre una cuestión y ofrecer una visión holística sobre el objeto de estudio.

El libro exige un mayor compromiso del autor, que se responsabiliza al abordar un concepto, disciplina, profesión o cuestión, desde todos los ángulos, sin dejar un plano que recorrer y mostrando así una visión completa. Pero no sólo eso, sino que debe asumir el reto de confrontar opiniones, teorías y enfoques para dejar al lector lugar para la reflexión y el pensamiento crítico, como se exige a un texto científico. Más todavía en Ciencias Sociales, donde las definiciones y teorías se caracterizan por su número y variedad de enfoques.

Por esto, en una sociedad caracterizada por la rapidez, la inmediatez, lo efímero de la información y la utilidad de las cosas, encontrar espacio para una lectura exhaustiva y argumentada como paso previo a la reflexión y la discusión intelectual, es un oasis en la búsqueda del conocimiento, tanto teórico como aplicado. Este libro es uno de esos oasis intelectuales, pues nos ofrece una visión completa de la Reputación Corporativa desde todos los enfoques necesarios para conocer, entender y gestionar este intangible tan preciado.

El principal valor de este trabajo le concede una gran ventaja diferencial, y reside en el equilibrio conseguido entre el rigor académico y la realidad empresarial. Y es que su autor conjuga estas dos facetas de la misma manera: la experiencia profesional de años de desempeño en la gestión de la comunicación en organizaciones y la perspectiva científica de la academia. Esta conexión ofrece un texto completo, relevante para el científico e investigador que encuentra un estado de la cuestión cabal, el profesional que descubre el anclaje sobre el que tomar sus decisiones, el estudiante en formación que se adentra en esta disciplina y necesita una visión global, o quien quiera profundizar en este campo. Son pocas las ocasiones en la que se pueden encontrar este tipo de textos, equilibrados, coherentes y honestos.

Esta hibridación se plasma en la estructura del texto: sencilla y directa y, por lo tanto, ágil y cómoda. También en el lenguaje, técnico, pero accesible a todos los perfiles. La redacción, con una perfecta sintaxis y un uso prudente de la retórica, que conduce a una lectura fácil, ligera y amable, donde las citas no entorpecen la lectura, sino que cumplen su función, la de ampliar y puntualizar. Como buen comunicador, el autor otorga tanta importancia al fondo como a la forma, y equilibra —nuevamente— esta dualidad para que ambos aspectos se retroalimenten y el contenido brille con una escritura puesta a su servicio.

Como primer paso se ofrece una visión general de los valores intangibles en las organizaciones para pasar a su conceptualización y descripción, estableciendo límites para poder optimizar su gestión y mejorar su eficacia. Pudiendo parecer algo sencillo cuando se habla de intangibles, delimitar —para poder medir posteriormente— se presenta como una labor meticulosa y delicada. Las líneas que separan estos conceptos no son claras, pues son numerosos los autores que han reflexionado sobre estos. Sólo un manejo adecuado de las fuentes, tanto por su autoridad como por su oportunidad, permiten ofrecer un mapa de intangibles con sus fronteras bien señaladas. Este mapa permite al lector conocer estos valores que tan alta valía están alcanzando y saber ubicarlos dentro de la gestión en las organizaciones: identidad, imagen, marca, cultura, reputación y responsabilidad social corporativa.

Una vez delimitados conceptos afines, llega el momento de abordar el objeto de estudio con la tranquilidad de haber preparado bien el camino. El autor desmenuza el concepto, lo analiza desde todas las perspectivas, lo recorre a través de la historia; siempre con el enfoque equilibrado, académico y profesional que le caracteriza. Todo ello permite llegar hacia el final del libro a las métricas de la reputación, la piedra filosofal. Un recorrido por los principales modelos de métricas complementa este paisaje. La selección precisa de los contenidos relevantes es la clave en estos capítulos. Por eso, al finalizar, el lector ha disfrutado de la lectura y ha adquirido las competencias necesarias para la gestión de la Reputación Corporativa.

No pararse en este oasis sería dejar la pasar la oportunidad de recobrar fuerzas para avanzar con rigor en la gestión de la REPUTACIÓN CORPORATIVA. Estos tiempos VUCA que vivimos requieren pensamiento crítico y reflexión para avanzar con pie firme y equilibrado en la gestión y la investigación sobre lo que más importa en la vida, los intangibles.

Dra. Mónica Viñarás Abad
Dr. Juan Enrique Gonzálvez

INTRODUCCIÓN

LOS INTANGIBLES DE LA ORGANIZACIÓN

Los intangibles habían sido ignorados por muchos años (Fombrun, 2018), sin embargo, recientemente se ha empezado a reconocer que son precisamente estos los que pueden proveer a las compañías de fuentes más duraderas de ventajas competitivas. Como se explicó anteriormente, desde los inicios del presente siglo las organizaciones modernas compiten en un entorno de alta complejidad e incertidumbre. Las grandes corporaciones y multinacionales operan en ambientes muy competitivos en los que es cada vez más complicado ofrecer productos y servicios que se diferencien de los de su competencia (Casado, Méndiz y Peláez, 2013; García, Rodríguez y García, 2014). Por lo anterior, las compañías han incorporado gradualmente el tratamiento de intangibles a los valores diferenciales que dan sustentabilidad económica y social.

En esto último coinciden Báez *et al.* (2017, p. 36) al señalar que "toda organización pretende la identificación, diferenciación y preferencia por parte de sus grupos de interés, lo cual se puede lograr mediante la gestión estratégica de los intangibles". Los recursos materiales y financieros de las empresas no constituyen ya un elemento diferenciador y no permiten obtener ventajas competitivas sostenibles (García, Rodríguez y García, 2014). Los intangibles fidelizan a clientes, empleados y en general, a todos los *stakeholders* de la empresa al tener la capacidad para generar empatía y atracción emocional, misma que es un factor determinante ante los actos de consumo o elecciones de otra naturaleza (Villafañe, 2005).

Estamos frente a un nuevo panorama empresarial en el que se han dado ciertos cambios que motivan a tomar en cuenta la importancia que tienen los aspectos intangibles (Carcelén y Villagra, 2004). Dichos cambios son:

1. Cambios que se refieren al entorno competitivo en el que productos, servicios y patentes novedosos, son fácilmente copiados.
2. Cambios en el enfoque estratégico, ya que los pilares tradicionales de la rentabilidad económica y la oferta comercial evolucionan hacia la transformación de la organización en un agente de cambio y beneficio social.
3. Cambios provocados por las crisis empresariales que generaron un replanteamiento en el sistema económico.

4. El auge que han tenido estos intangibles, mismos que se han ido integrando a la gestión empresarial.

Los activos intangibles siempre han estado presentes en las operaciones de una compañía y la percepción de su importancia se remonta a varios años atrás (Kristandl y Bontis, 2007; Simó y Sallán, 2008). Es a Lawrence R. Dicksse a quien se le atribuye la primera mención del concepto de intangible en la empresa en el año 1896, pero "es en los noventa cuando, coincidiendo con el auge de la economía del conocimiento, los consultores en gestión empresarial empiezan a prestar atención a los intangibles y al capital intelectual" (Simó y Sallán, 2008, p. 66).

Es a partir de esa atención que se empieza a poner en los intangibles, que surgen también las investigaciones en la materia, las cuales no han estado exentas de problemas, principalmente por falta de una terminología común, y un pobre desarrollo de las escalas de medición (Villafañe, 2005; Kristandl y Bontis, 2007; Pulido, 2008; Simó y Sallán, 2008; Casado, Méndiz y Peláez, 2013). Pulido (2008), encuentra por lo menos catorce categorías temáticas vinculadas a cuestiones relacionadas con el capital intangible, por lo que señala:

> El problema empieza con la misma conceptualización del término (capital intangible). En la amplia literatura técnica pueden encontrarse ejemplos de identificación con capital intelectual, capital humano o incluso capital tecnológico. A veces se piensa en todo tipo de activos fijos no monetarios que carecen de sustancia física; en ocasiones se reduce su contenido a los valorables por haber sido adquiridos a terceros (patentes, cuotas, marcas, franquicias, etc.); o bien limitarse a un inconcreto fondo de comercio (*goodwill*) de las empresas. (p. 30)

Al momento de identificar y delimitar los activos intangibles existen distintas posturas. Báez *et al.* señalan que "los activos intangibles comprenden todos aquellos diferenciadores que generan valor para la institución" (2017 p. 37). Villafañe, por su parte, indica que "al hablar de intangibles, generalmente nos referimos a los activos de una empresa que carecen de materialidad" (2005, p. 103). Sin embargo, estos autores coinciden en la existencia de dos términos distintos, los activos intangibles y los recursos intangibles. En ambos casos, la coincidencia se da en la inmaterialidad de estos, pero explican que la diferencia fundamental entre ambos tiene que ver con que, cuando se habla de activos intangibles, se hace referencia a activos sobre los que la empresa tiene control, el ejemplo más claro sería la marca. Los recursos intangibles, por su parte, son todos aquellos aspectos sobre los que la organización no tiene control, por ejemplo, el capital intelectual, las relaciones de una empresa con sus clientes y la reputación. Lo anterior no significa que dichos recursos carezcan de valor, pues mientras los activos intangibles se pueden evaluar con criterios económico financieros emanados de la doctrina y la normativa contable, no pasa lo mismo con los recursos intangibles, que sí son evaluables en términos económicos, pero no con los criterios de contabilidad financiera (Villafañe, 2005).

Cuando queda establecida la diferenciación entre recursos y activos, es posible definir una clasificación de los activos intangibles y dividirlos en dos clases (Báez *et al.*, 2017). La primera clase tiene que ver con los activos intangibles legales que hacen referencia a los aspectos relacionados a los derechos de marca, patentes, licencias, permisos de funcionamiento y, en general, todo lo que involucra políticas de propiedad privada. La segunda clase son los activos intangibles competitivos como el capital intelectual o conocimiento, que a su vez incluiría al capital humano, el capital tecnológico, el capital organizativo y el capital relacional.

Las capacidades asociadas intangibles constituyen lo que se conoce como capital intelectual, definidos como recursos materiales e intangibles de una organización (García, Rodríguez y García, 2014). Este incluye el conocimiento personal, la capacidad para aprender y adaptarse, las relaciones con los clientes y proveedores, y las marcas. El capital intelectual es clasificado bajo tres criterios: capital humano, capital estructural y capital relacional. Por último, Villafañe (2005), establece tres tipos de recursos intangibles: los activos no financieros de la empresa, los que son asociados al conocimiento y lo que tienen que ver con una relación estable y eficaz con sus diferentes *stakeholders*, especialmente los clientes y afirma:

> Para un especialista en contabilidad financiera solo tendría interés el primer tipo —los activos intangibles— ya que solo estos pueden figurar en el balance de la empresa; pero para un CEO, cuya principal misión es revalorizar su empresa, los tres tipos de recursos intangibles deben ser prioritarios porque de los tres depende el valor de su empresa. (p. 104)

Simó y Sallán (2008) concluyen que los estudios sobre intangibles y capital intelectual provienen del campo de la consultoría, pues respondían a la preocupación que los directivos tenían por problemas legales y de naturaleza directiva asociados a los intangibles. Puntualizaron que cada una de estas contribuciones propuso una caracterización propia de los intangibles y del capital intelectual, "dando lugar a una gran dispersión conceptual que ha impedido la profundización en el estudio científico de los fenómenos ligados a los intangibles" (p. 74).

Las empresas no pueden ser analizadas simplemente por el valor de sus activos tangibles. Si bien es cierto que para cualquier empresa que desee competir en una economía globalizada es importante demostrar solidez financiera y contar con bienes muebles e inmuebles, la realidad presentada por los estudios señalados anteriormente permite entender que es en los activos intangibles donde se encuentra el valor diferenciador importante para la mayoría de los *stakeholders*.

Capítulo 1
UN ENTORNO COMPLEJO PARA LAS ORGANIZACIONES

1.1. DE UN ENTORNO 'VUCA' A UNO 'FANI'

A finales de los años noventa, a punto de finalizar el siglo XX, el Colegio de Guerra del Ejército de los Estados Unidos de América, presentó un análisis liderado por el Dr. Rod Magee, denominado 'Strategic Leadership Primer'. En dicho documento se analizaba el siglo XXI a la luz de los retos que se presentaban para el liderazgo de los Estados Unidos a nivel global, y se describía el surgimiento de un entorno "'volátil, incierto, complejo y ambiguo' (VUCA, por sus siglas en inglés), el cual describe perfectamente lo que sucede en el mundo empresarial de hoy" (Bravo, 2018, p. 19).

La volatilidad hace referencia a los retos inesperados o inestables que enfrentamos y cuya duración podría ser desconocida. La incertidumbre está relacionada con el hecho de que se suelen conocer las causas y efectos de los hechos, y, aunque el cambio es posible, no hay certeza de que ocurra. La complejidad tiene que ver con la gran cantidad de partes y variables que se interconectan en la situación, alguna información pudiera estar disponible, o pudiera predecirse, pero su volumen y naturaleza, generaría un volumen extenuante. Por último, la ambigüedad se presenta debido a que las relaciones causales no están claras y no existen precedentes (Bennett y Lemoine, 2014).

Sin embargo, el acrónimo VUCA podía explicar la realidad que enfrentaba la sociedad en general, y los negocios en particular desde finales del siglo pasado, hasta las primeras dos décadas que llevamos en el actual, pero que a la luz de la crisis sanitaria que afectó a toda la humanidad, hablar de volatilidad, incertidumbre, complejidad y ambigüedad se vuelve cada vez más obsoleto (Cascio, 2020; Grabmeier, 2020; Torres, 2020; Arrizabalaga, 2020). La pandemia representa una suerte de epitafio para el 'entorno VUCA', pues ya no estamos ante a una inestabilidad pasajera, sino ante una situación caótica (Torres, 2020). En este sentido Grabmeier afirma que:

> No se trata solamente de que el término haya sido usado en exceso, al punto de perder su significado, también ha dejado de proveer información interesante sobre una pregunta básica: ¿Cómo podemos lidiar razonablemente con las situaciones actuales?

> En el estado actual del mundo, VUCA no hace ya sentido y no proporciona escenarios futuros. En otras palabras, esto no es ya un entorno VUCA. Ha evolucionado y requiere una nueva terminología, un nuevo lenguaje que explique este mundo cambiado. (2020, s.p.)

Ante la necesidad de esa nueva terminología o lenguaje al que se refiere Grabmeier, Cascio (2020) propone que lo que estamos viviendo actualmente se considera más bien un entorno de alta fragilidad, con mucha ansiedad, no lineal e incompresible, por lo que él lo llama, 'entorno BANI' por sus siglas en inglés: *Brittle, Anxious, Nonlinear, Incomprehesible*. La fragilidad hace referencia a la propensión a fracasos repentinos. Las cosas frágiles y quebradizas pueden ser en apariencia fuertes, hasta en tanto no alcanzan su punto de quiebre, como la cerámica, por lo que la resiliencia es más complicada. La ansiedad se produce por la sensación de impotencia que nos genera el pensar que hagamos lo que hagamos siempre podría ser lo incorrecto. En un entorno de ansiedad podría parecer que cualquier decisión es potencialmente desastrosa. En un entorno no lineal la causa y el efecto de lo que ocurre son, en apariencia, incoherentes y no proporcionados y los efectos visibles de esas causas y efectos tienen enormes retrasos por lo que, sin importar las medidas adoptadas, o no adoptadas, estas pueden terminar desequilibradas. Por último, al afirmar que estamos en un ambiente incomprensible, presenciamos acontecimientos y decisiones que pueden parecer ilógicas o inútiles, parecería que cualquier información, en lugar de proporcionar mejor comprensión, nos abruma y nubla nuestra capacidad para tratar de entender la situación (Arrizabalaga, 2020).

Independientemente de lo que podamos estar viviendo, las expectativas que tienen los públicos de interés hacia las empresas, es muy diferente a la que se tenía hace algunos años (Argenti, 2009). Para lograr la atracción, los líderes corporativos necesitan ser conscientes de los cambios que la globalización presenta en el entorno para los negocios y poner su visión en contextos más amplios.

Daniel Innerarity, (Gómez, 2018 s.p.) señala que:

> Las cosas pasan a tal velocidad que las referencias clásicas, las viejas referencias que nos orientaban, nos sirven de muy poco. Cuando la velocidad de los cambios es tan vertiginosa como en el momento actual resulta difícil ejercer esa anticipación. La paradoja es que nunca como ahora había sido tan necesario adelantarse a los cambios y prever el futuro posible y alternativo y, sin embargo, nunca había sido eso tan difícil.

1.2. EL ESCRUTINIO PÚBLICO A PARTIR DE LOS ESCÁNDALOS CORPORATIVOS

Sin importar la terminología que se utilice, la realidad es que el inicio del siglo XXI se ve inmediatamente sacudido por estridentes escándalos corporativos como el del gigante de la industria energética, Enron en el 2001, así como los de Tyco y Worldcom en 2002, entre otros, para luego dar paso a la grave crisis global de 2008, en la que escándalos como el de Lehman Brothers y Bernie Madoff acapararon los titulares. Posteriormente, y sin dar tregua, la segunda década del siglo se vería opacada por casos como el de News Corporation, Volkswagen, Theranos y más recientemente, Nissan-Renault y Boeing. Prácticamente todo escándalo corporativo del siglo XXI se reduce a un tema de moralidad de una tecnología que nos permite hacer cosas que antes no podíamos, acompañada de una serie de graves fallas institucionales que fueron permitidas por obras y omisiones de los líderes corporativos (Mukherjee, 2016).

El escrutinio público hacia los negocios es constante e intenso, y la desilusión ha crecido a medida que se dan a conocer los excesos en pagos a los altos ejecutivos, las prácticas de contabilidad cuestionables, retiro de medicinas y una laxitud moral de las grandes empresas (Argenti, 2009). El impacto que tiene un escándalo como los señalados, 'salpica' de diferentes formas a los públicos de interés o *stakeholders*, definidos por Capriotti como "un conjunto de personas con los que una organización tiene una relación o vínculo particular". (2013, p. 38)

Para ejemplificar el concepto podemos hablar de los empleados, clientes, proveedores, accionistas e inversionistas, medios de comunicación y gobierno, entre otros. Solano Fleta afirma que los públicos, o lo que él llama 'la sociedad de los públicos', "es la resultante de un conjunto de felices coincidencias, entre las que destaca, sobre todo, el desarrollo, o mejor, hiperdesarrollo, de los llamados medios de comunicación social: la prensa, el cine, la radio, la televisión". (2001, p. 25)

Unos de los *stakeholders* que pueden resultar más dañados son los empleados, quienes suelen quedar marcados por lo que Groysberg *et al.* (2016) llama 'Estigma Organizacional', pues señala que "un estigma, que puede ser justo o injusto, determina la credibilidad de una persona en el rol social que él o ella está tratando de representar" (p. 5). Un estudio realizado por el mismo Groysberg *et al.*, señala que los ejecutivos que en sus semblanzas curriculares informan haber trabajado para empresas que se vieron envueltas en escándalos "reciben pagos 4 % menores a los de sus pares" (2016, p. 4). Molinaro (2014), por su parte, da cuenta de estudios como los de Sawaoka y Monin, en los que se habla de un 'efecto de derrame moral', en el que, "sin importar el tipo de transgresión, los colegas de quienes cometieron las transgresiones son vistos bajo sospecha, aun cuando no hayan trabajado directamente con ellos" (p. 3). Los resultados del estudio de Sawaoka y Monin, muestran que el efecto es más grave, cuando se trata de que quien cometió la acción que detonó el escándalo, es el líder de la organización.

El filósofo canadiense Marshall McLuhan (citado en Ayala Pérez, 2012, p. 13), señala: "La nueva interdependencia electrónica vuelve a crear el mundo a imagen de una aldea global". La tecnología ha fortalecido los canales de comunicación alrededor de nuestro planeta, desintegrando las fronteras para generar lo que McLuhan previó a mediados del siglo pasado: la creación de un mundo tan interconectado por conocimiento compartido, que se convertiría en una 'Aldea Global'. Esta tendencia ha tenido un fuerte impacto en los negocios, principalmente en lo que va de este siglo (Argenti, 2009). Las empresas han entendido que deben llevar a cabo, actos de comunicación, definidos por Lasswell como "dar respuesta a las siguientes preguntas: ¿Quién dice qué en cuál canal (medio) a quién con qué efecto?" (Beltrán, 2007, p. 15).

Se vive actualmente en una sociedad de la información y del conocimiento (García, Viñarás y Cabezuelo, 2020), "las redes sociales, han cambiado las relaciones entre los individuos y las organizaciones, ya sean relaciones entre empresas y consumidores o entre ciudadanos y organizaciones, instituciones y tercer sector" (Serrano, Gonzálvez y Viñarás, 2017, p. 175). El actual entorno para los negocios presenta un campo de juego totalmente diferente al que se presentaba en años anteriores, sobre todo por lo que se refiere a la modernización que la tecnología ha provocado en los medios de comunicación. Lo anterior nos ha llevado a lo que se conoce como 'Comunicación 3.0' (Viñarás, Herranz y Cabezuelo, 2010), es decir, la que se refiere a redes sociales, blogs y wikis. Hablar de ella es "hablar de compartir, de intercambiar, de crear, de una nueva forma de relacionarse a través de la Red" (Viñarás, Herranz y Cabezuelo, 2010, p. 563). Esta nueva forma de comunicar es aquella que se caracteriza "por facilitar el acceso a la información a todos los públicos por igual; fomentar la participación de los mismos a la hora de generar, completar y difundir contenidos —se alternan los roles de productor y consumidor de información" (Bonilla, 2014, p. 83).

En este entorno provocado por la inmediatez de la comunicación, gestionar una crisis que por definición es un evento inesperado, se vuelve una tarea titánica, y más tomando en cuenta que "No es la crisis la que causa la caída potencial de la firma, sino el mal manejo de la misma". (Deister, 2011, p. 93)

El alcance global que tienen los medios de comunicación actuales, además de la inmediatez de las redes sociales, se incrementan las probabilidades que una crisis corporativa tenga difusión en minutos, gracias, muchas veces, a públicos interesados que podrían ni siquiera tener una relación estrecha con la compañía. Anteriormente, los cierres de edición de la prensa, o los horarios de los diferentes noticieros de radio y televisión, nos podrían permitir horas, y quizá hasta días, para el manejo de los problemas (Argenti, 2009). La aparición de los periodistas ciudadanos cambia completamente la perspectiva. pues basta una persona con un teléfono móvil inteligente para que en esta era de la red 3.0, pueda ir con todo contra una corporación global. (Bridgeman, 2008)

Más que simplemente una nueva forma de comunicarse, la internet está realineando el rol y la influencia de los medios de comunicación, de las instituciones y de las corporaciones, dándole poder a una nueva generación de activistas (Bridgeman, 2008). El público es más sofisticado en el acercamiento que tiene hacia las organizaciones. La gente tiene muchos más conocimientos sobre diferentes temas de actualidad y suele ser más escéptica de las intenciones de diferentes corporativos (Argenti, 2009).

1.3. LA ÉPOCA DE LA HÍPER TRANSPARENCIA

En ese entorno de inmediatez en la comunicación, aparece el término 'híper-transparencia'. López *et al.* (2017) señalan que la hipertransparencia forma parte de las nuevas demandas ciudadanas, "y está impulsada de forma muy concreta por el vertiginoso desarrollo de las tecnologías de la información y el conocimiento, haciéndose operativa a través de una auditoría total y absoluta de la información de la que disponen las organizaciones" (p. 982).

La confianza y la reputación son claves en cualquier planificación de comunicación estratégica, pero son activos vulnerables en épocas de sobreexposición informativa e hipertransparencia, en las cuales se tienen audiencias polarizadas y altamente participativas (Paladines y Yaguache, 2020). "En la era de la híper-transparencia no hay lugar al que correr, ni lugar en el que esconderse: la transparencia paga, especialmente si el sustento del quehacer son la ética y la integridad" (Cachinero, 2016, p. 119).

Hemos pasado de la transparencia a la hipertransparencia en una sociedad global donde todo en la actualidad se puede comprobar fácilmente y en ese contexto, controlar la narrativa de una compañía y protegerla ante la opinión pública y todos sus *stakeholders* se vuelve cada vez más difícil ya que ha de hacerse en tiempo real, que es el que marca el ritmo en un mundo digitalizado. (Pedrol y Sara, LLYC, 2018)

La época de la hipertransparencia facilita que todo llegue a saberse. Casos para ejemplificarlo, sobran, basta señalar el incidente en el que un pasajero de la línea aérea United Airlines, fue sacado a rastras del avión en el que pretendía volar, ante su negativa a dejar un vuelo que había sido sobrevendido. El vídeo se 'viralizó' en cuestión de minutos y la reputación de la línea aérea se vio seriamente comprometida. En este sentido, "es relevante que las empresas tomen la iniciativa para mostrarse ante sus grupos de interés de la manera más conveniente para ganar legitimidad y una buena reputación, adelantándose a competidores y detractores" (Amézquita y Arredondo, 2019, pp. 529-530).

"No hay lugar al que escapar, no hay lugar donde esconderse" reitera Bonime-Blanc (2016, p. 29), al referirse al advenimiento de una época en la que han aparecido los WikiLeaks; una era de correos electrónicos secretos robados a empresas y gobiernos, y hechos públicos. Para José Antonio Llorente (2019), vivimos una época en la que tenemos acceso a prácticamente todo tipo de información, lo cual no significa necesariamente que estemos mejor informados. Para él, en esta época de la hipertransparencia, vivimos también una paradoja, pues se trata de una época en la que nada, o casi nada se puede mantener en secreto, pero al mismo tiempo es la que más sombras proyecta sobre la estricta información.

Una de las conclusiones del Primer Foro de Tendencias de Comunicación organizado por la firma LLYC (antes Llorente & Cuenca), hace una reflexión de las implicaciones que tiene para las empresas, esta época conocida como de hipertransparencia

(LLYC, 2017), señalando que el concepto confidencial comienza a ser muy cuestionable, pues la proliferación de canales y medios ha contribuido de forma exponencial con la explosión de contenidos digitales. Todo lo anterior implica una vertiente tecnológica y las empresas deben prepararse para generar una nueva cultura interna de hipertransparencia que no significa informar de todo, pero sí tener la capacidad de explicarlo todo en tiempo real.

Capítulo 2
LOS INTANGIBLES LIGADOS A LA COMUNICACIÓN

Dado que no es el objetivo de este manual, no nos centraremos en las dificultades y discrepancias que podemos encontrar al analizar otras perspectivas diferentes relacionadas con el estudio de los intangibles, sino que tomaremos la perspectiva de la comunicación corporativa, pues como lo señalan González y Monleón (2013):

> En este nuevo entorno, los activos intangibles (AI) y recursos intangibles (RI), cuando son gestionados desde el campo de la Comunicación Corporativa, generan valor y se constituyen en verdaderos regentes y condicionantes de las dinámicas entre las organizaciones y el resto de agentes de su entorno. (p. 29)

En la gestión de los recursos intangibles es necesaria una comunicación eficaz que logre el reconocimiento por parte de los *stakeholders* y de los organismos responsables de calificación y certificación (Villafañe, 2005). Una saturación por parte de los públicos, así como la falta de una oferta diferenciadora han impulsado a que las empresas cambien un enfoque centrado en productos, y replanteen su nuevo rol como empresa (Villagra, López y Monfort, 2015).

Los recursos intangibles clásicos en la dirección de comunicación, según lo plantean González y Monleón (2013) son la Identidad Corporativa, la Cultura Corporativa y la Imagen Corporativa, y agregan que los activos intangibles serían, la marca, la responsabilidad social corporativa y la reputación. Villafañe difiere de lo anterior, al referir que solamente la marca sería considerada un activo intangible, debido la posibilidad de que figure en el balance de cualquier empresa cotizada, mientras que la responsabilidad corporativa y la reputación corporativa serían recursos intangibles. Carcelén y Villagra (2004) no entran en detalle y simplemente se refieren a la identidad, a la imagen, a la cultura, a la marca, a la responsabilidad social corporativa y a la reputación, como intangibles estratégicos de la empresa.

A continuación, se relacionan los recursos y activos intangibles vinculados a la gestión de la comunicación corporativa. Se ha decidido incluir tanto recursos, como activos, dado que se considera indispensable para delimitar y profundizar en nuestro objeto de estudio: la reputación corporativa, pues como lo veremos, todos están vinculados con ella. Por esa razón, una vez definidos se incluye la relación que los distintos autores establecen con la reputación.

2.1. IDENTIDAD CORPORATIVA

La identidad corporativa es "la realidad y unicidad de una organización relacionada integralmente a la imagen interna y a la externa, así como a la reputación, a través de la comunicación corporativa" (Balmer y Gray, 2003, p. 126). Es precisamente esta relación directa que existe entre identidad y reputación lo que nos lleva a profundizar en este tema.

Son varios los autores que han trasladado el concepto de identidad humana, a las organizaciones (Vella y Melewar, 2008). Un ejemplo es Villafañe, en Mayol (2010, p. 507) quien señala que la identidad corporativa "es igual que la identidad personal, es decir, el conjunto de rasgos y atributos que definen su esencia, algunos de los cuales son visibles y otros no". En este sentido, las organizaciones tienen sus propias personalidades y su carácter; su individualidad y rasgos distintivos; significado y esencia, así como su comportamiento (Vella y Melewar, 2008). Topalian en Melewar (2003, p. 195) define a la identidad como "el conjunto de significados por los cuales una compañía permite ser identificada, y a través de la cual, la gente puede describirla, recordarla o referirse a ella".

La identidad nos brinda varias ventajas (Melewar, 2003), puede actuar como una fuerza central que motive a los empleados, que los haga entender claramente el propósito de la compañía, lo que les hará sentir un orgullo más grande por ella y apoyarla en lo que les corresponde. La identidad también permitirá que los empleados se adapten a la cultura existente, y sean más sensibles al momento de que pudiera presentarse alguna fusión o adquisición que detone una nueva cultura. Es gracias a la identidad que se puede fortalecer la contratación de directivos más competentes y los diferentes *stakeholders* pueden conocer más a fondo las capacidades de negocio, así como las fortalezas en la dirección de una compañía. También es a través de la identidad que los clientes pueden informarse acerca de la calidad de los productos o servicios ofrecidos, lo que permitirá generar apoyo hacia la marca y un sentido de lealtad. Por último, en el tema de las inversiones, la identidad también juega un papel importante, pues podemos generar un mejor entendimiento del negocio, lo que atraerá más y mejores inversionistas.

La identidad presenta tres atributos principales (Barney y Stewart, 2000): un carácter central afirmado, que se relaciona con los atributos que logran que una firma 'sea', es decir, aquello que conforman la razón de existir para una organización, su propósito y su misión; su sistema de creencias, valores o normas que le dan sentido a la compañía. El segundo atributo es un distintivo afirmado, es decir, eso que busca la organización que la convierta en única y la distingan de otras compañías comparables; se trata de identificar '¿quiénes son?' para inmediatamente establecer también el '¿quiénes no son?', con lo cual se establecerán claramente los límites de actuación de todos los que forman parte de la organización. El último atributo, es la continuidad temporal afirmada, con lo cual se hace referencia al hecho de que la identidad debería permanecer inmutable independientemente de los cambios en el entorno o los cambios en el mismo negocio, lo cual implica que lo que es hoy la compañía no es inconsistente con lo que era en el pasado, sino que su pasado se reinterpreta en el presente.

La literatura relacionada con la identidad maneja dos enfoques principales, la que tiene que ver con la esencia de la organización y la que se refiere a los elementos gráficos que nos permiten identificar a la empresa (Hatch y Schultz, 2000; Carcelén y Villagra, 2004; Villafañe, 2005; He y Balmer, 2003; Balmer, 2008; Capriotti, 2009; Mayol, 2010; Pérez y Rodríguez, 2014). Capriotti (2009) se refiere a estos dos enfoques como el enfoque del diseño y el enfoque organizacional. El primero define a la identidad como la representación icónica de una organización, es decir, la vincula con 'lo que se ve', dirigiéndose hacia lo que se conoce como identidad visual, y que tiene que ver con las figuras icónicas que representan a la organización, o sea logotipo, tipografía y gama cromática. En el segundo enfoque, el organizacional, la perspectiva es más amplia y profunda, y tienen que ver con los aspectos que definen el carácter o personalidad de una organización, es decir, aquellos que se encuentran en su ADN corporativo y que le sirven para diferenciarse de otra. Hatch y Schultz (2000), por su parte, se refieren a estos dos enfoques como identidad corporativa e identidad organizacional, el primero tiene un origen más allegado al campo de la consultoría y del *marketing*, mientras que el segundo es herencia de los estudios de las organizaciones.

Pérez y Rodríguez (2014) realizan un trabajo que busca profundizar en el análisis de la identidad de la empresa y dan cuenta de distintas investigaciones realizadas a lo largo de varios años en las que se manejan diferentes perspectivas. El resumen de dichas investigaciones se puede encontrar en la tabla1.

Tabla 1. Resumen de las investigaciones realizadas en el campo de la identidad corporativa

Perspectiva	Concepto	Planteamiento	Autores
Organizacional	Identidad organizacional	¿Quiénes somos como empresa?	Albert y Whetten, Abratt, van Riel y Balmer, de Chematny y Harris, Bromley, Christensen y Askegaard, Whetten, Balmert y Greyser, Powell
		¿Cómo queremos que otros nos perciban como empresa?	Fombrun, Hatch y Schultz, Fombrun y van Riel, Dhalla, Prince et al.

Perspectiva	Concepto	Planteamiento	Autores
Comunicacional	Identidad Corporativa	Imagen visual	Selame y Selame, Schmitt et al., Alessandri y Alessandri
		Colección de medios de comunicación de la personalidad corporativa	Margulies, Birkigt y Stadler, van Riel, van Riel y Balmer, Karaosmanoglu y Melewar
Definición global (literatura difusa)	Identidad corporativa u organizacional	Colección de atributos institucionales que ayudan a la empresa a presentarse frente a sus grupos de interés	Melewar y Jenkins, Melewar y Karaosmanoglu, Powell et al.
Integradora	Identidad corporativa	Combinación de personalidad corporativa, cultura, estrategia, rendimiento del producto/servicio y comunicación corporativa	Balmer, Cornilissen y Elving, Zarebska

Fuente. Pérez y Rodríguez (2014, pp. 101-102).

Existe un conjunto de aspectos que influyen en la identidad de una organización: la personalidad y normas del fundador, la personalidad y normas de las personas claves, la evolución histórica de la organización, la personalidad de los individuos y el entorno social. La identidad está compuesta por la cultura de la organización y por su filosofía, la primera podría considerarse el 'alma' y está conformada por las pautas de conducta, los valores y las creencias compartidas, mientras que la filosofía podría considerarse la 'mente' y estaría conformada por la misión, la visión y los valores corporativos (Capriotti, 2009).

Barney y Stewart (2000), centran su análisis sobre la identidad en el valor económico y en la ventaja competitiva que esta puede crear. Señalan que para que la identidad sea generadora de valor económico debe tener implicaciones en la operación y en las decisiones estratégicas, principalmente las que se enfoquen en que la firma pueda concebir, implementar y explotar las oportunidades que se presenten en el entorno del negocio o que neutralicen las amenazas. La manera en que la identidad puede convertirse en ventaja competitiva es siendo, antes que nada, valiosa, además de ser original y difícil de imitar. En este mismo sentido se manifiestan Vella y Melewar (2008), al señalar que la ventaja competitiva puede construirse gestionando cómo es percibida la organización. La identidad es una importante herramienta para lograr esto, ya que las organizaciones manifiestan características específicas a todos sus *stakeholders* y desarrollan canales sólidos de diferenciación, así como instrumentos para la creación de relaciones duraderas y confiables, y mecanismos robustos para la entrega de valor.

La identidad de las organizaciones tiene una fuerte influencia también en la generación de una buena reputación, pues se transmite a varios *stakeholders*, quienes luego formulan sus propias imágenes de la organización, que son las bases para la reputación de la compañía (Vella y Melewar, 2008). En ese mismo sentido, Antonio López en

Carreras *et. Al* (2013 p. 18) afirma que: "La reputación es el resultado primero de la relación armónica entre identidad e imagen corporativa y, en segundo término, la reputación constituye la consolidación en el tiempo de los factores que han hecho posible la proyección social de la identidad". La identidad construye los cimientos para otros conceptos corporativos como el *branding*, la comunicación, la imagen y la reputación (He y Balmer, 2007) y aunque las empresas no tienen poder suficiente para determinar directamente su imagen pública ni su reputación, una gestión adecuada de la identidad permite influir en su formación (Pérez y Rodríguez, 2014).

De acuerdo con Balmer y Gray (2003) hay 10 fuerzas en el entorno de negocios, que ha contribuido en el incremento de la importancia de una gestión estratégica de la identidad corporativa:

1. Aceleración en el ciclo de vida de los productos, muy evidente en algunos sectores como los bienes electrónicos de consumo, en los que vemos constantes cambios e innovaciones que exigen a las compañías estar a la vanguardia, por lo que empresas que han logrado que su nombre se respete, logran un valor agregado a la hora de competir.
2. Procesos de desregulación, a través de los cuales, varias compañías han logrado ingresar a mercados nuevos u ofrecer productos o servicios adicionales a su oferta tradicional, y cuyo prestigio en sus campos originales, hacen que sean identificados y reciban la oportunidad por parte de nuevos clientes.
3. Privatización de empresas cuyo manejo estaba a cargo de los gobiernos, pero que ahora pueden competir en un entorno privado, con lo cual requieren una gestión integral de su identidad para lograr el reconocimiento de los nuevos públicos de interés.
4. Competencia creciente en los sectores públicos y no lucrativos, principalmente en áreas como la educativa y los servicios médicos, que han incrementado su oferta, haciendo indispensable un manejo integral de la identidad para lograr un factor de diferenciación entre todos los competidores.
5. Competencia creciente en el sector de servicios. En algunos sectores, como pudiera ser el de la industria de la aviación, en la que algunas líneas aéreas han cambiado su nacionalidad de origen, se requiere gestionar adecuadamente la nueva identidad corporativa para lograr un posicionamiento entre los públicos de interés.
6. Globalización y acuerdos de libre comercio, que han traído la posibilidad para varias empresas, de explorar mercados nuevos. Muchos de estos negocios han hecho un buen manejo de su identidad, lo que les ha permitido de inmediato ser reconocidos y aceptados en estos nuevos mercados.
7. Fusiones, adquisiciones y diversificaciones, que han alterado el perfil de negocios de varias compañías, generando mucha certeza en algunas, pero incertidumbre

en otras, por lo cual conviene gestionar de la mejor manera las identidades de cada una de las firmas que participan en este tipo de acuerdos corporativos para dar señales claras a los públicos de interés sobre los resultados esperados de las negociaciones.

8. La atracción de talento. Las empresas se ven en la necesidad de atraer al mejor talento y solamente aquellas que han logrado gestionar de manera adecuada su identidad corporativa lograrán generar interés por parte de personas que tienen la capacidad suficiente para aportar su experiencia al cumplimiento de las metas organizacionales.
9. Las expectativas que tienen los públicos hacia el compromiso con las causas sociales por parte de las empresas y como estas tienen que demostrar que la obtención de riquezas no es su principal propósito, sino un efecto de una gestión adecuada de su identidad con buenos ciudadanos corporativos.
10. La desaparición de límites entre organizaciones y *stakeholders*, lo que ha llevado a incontables alianzas de negocios, entre las que podemos encontrar las que tienen diferentes aerolíneas en beneficio de sus pasajeros.

Lo expuesto anteriormente nos permite entender la intrínseca relación existente entre una adecuada gestión de la identidad corporativa y la consecución de una buena reputación. Las organizaciones que logran identificarse de manera adecuada ante sus diferentes públicos de interés o *stakeholders*, logran de parte de estos, el reconocimiento necesario para poder destacarse de entre todos sus competidores.

2.2. IMAGEN CORPORATIVA

A principios de la década de 1960, la Fundación para la Investigación del Comportamiento Humano, organizó una conferencia sobre la imagen corporativa. Esta fundación invitó tanto a científicos del comportamiento, como ejecutivos de negocios a discutir temas ignorados en esas fechas por las ciencias del comportamiento como parte de los que se consideraba un superficial interés en la imagen corporativa (Grunig, 2003). En dicha conferencia, Gerhard Wiebe, entonces Decano de la Escuela de Comunicación Pública en la Universidad de Boston, apuntaba que los estudios sobre las relaciones públicas deberían ir más allá de las imágenes y profundizar en la relación entre las organizaciones y sus públicos, y enfatizaba:

> Pensar, discutir y planear acerca de la llamada imagen corporativa, frecuentemente se centra en las consideraciones sobre las apariencias, y en muy pocas, sobre la sustancia de esas apariencias. La percepción de la imagen corporativa suele quedarse en el área de la publicidad, y muy pocas veces se centra en el área a la que propiamente pertenece, que es en la dinámica social que relaciona a las corporaciones y la sociedad en su conjunto... La relación entre corporaciones y sus públicos, no es tan firme, ni tan bien entendida como debería serlo. Quizá ha llegado el tiempo de que, con el progreso en la

> investigación sobre relaciones públicas en las organizaciones líderes, se base menos en los puntos finos de la medición de la imagen, y más en re-examinar la naturaleza de la relación entre público y organizaciones, que yace, o debería yacer, detrás de la imagen corporativa. (Grunig, 2003, p. 206)

Costa (citado en Schlesinger y Alvarado, 2009), confirma lo anterior al hablar de que la imagen era vista como un aspecto insignificante y señala:

> Frente a lo que era consustancial con las finalidades productoras y económicas de las empresas que no era desde luego las de cultivar una buena imagen, sino las de fabricar y vender cada vez más al mayor número posible de clientes. (p. 12)

Es hacia la década de 1990 cuando la construcción de una imagen positiva, exclusiva y perdurable, se vuelve una tarea igual de trascendente para las empresas, como lo era la venta de sus productos (Schlesinger y Alvarado, 2009). Sobre la imagen, Argenti (2009, p. 76), señala: "La imagen es el reflejo de la identidad de una organización. Puesto de otra manera, es la organización vista desde el punto de vista de sus *stakeholders*. Dependiendo cuál *stakeholder* esté involucrado, una organización puede tener muchas imágenes diferentes". En un sentido similar se pronuncia Pérez y Rodríguez (2014 p. 111) al definir la imagen de una organización como la "percepción de las empresas que se deriva de la suma de información, impresiones, expectativas, creencias y sentimientos que un individuo acumula de ella". Pintado y Sánchez, por su parte, definen a la imagen corporativa como una "evocación o representación mental que conforma cada individuo, formada por un cúmulo de atributos referentes a la compañía; cada uno de esos atributos puede variar, y puede coincidir o no con la combinación de atributos ideal de dicho individuo" (2014, p. 18). Solano Santos afirma que la imagen es "algo que uno posee, como la sombra" (2010, p. 460).

Schlesinger y Alvarado (2009) afirman que las comunicaciones controladas como la publicidad, cumplen un papel importante en la formación de la imagen. De igual forma están presentes otras fuentes como el 'boca-oreja' o las experiencias que se tengan con el producto o la empresa. Las señales anteriores son recibidas por los públicos, generando en ellos una impresión global sobre la empresa. Cada público se podría sentir atraído por un aspecto diferente de la empresa, para lo que usará filtros y dará mayor o menor peso a los atributos. Algunos ejemplos podrían ser que los empleados se fijen más en prácticas directivas, los inversionistas en el retorno de la inversión y los clientes en la calidad de los productos. En ese mismo sentido se manifiesta Costa (2015), al hablar de que el proceso valorativo que hacen los *stakeholders* engloba factores subjetivos sobre productos y servicios, pero también se incluyen factores objetivos como la experiencia de la calidad y la valoración del trato personal recibido.

Existen dos grandes vertientes relativas a los estudios sobre la imagen corporativa (Carcelén y Villagra, 2004): la primera vertiente considera a la imagen como una serie de atributos o características que las compañías quieren que sus públicos conozcan de ella, es decir, la percepción que desea la compañía que se tenga de ella. De acuerdo con este enfoque, la empresa tiene la capacidad de generar estrategias orientadas a que en la mente de sus *stakeholders* se posicione la imagen deseada por la organización. La segunda vertiente se relaciona con la idea de que la imagen se forma en la mente de los *stakeholders*, a partir de un gran número de percepciones diferentes sobre las cuales poco puede hacer la organización para construir una imagen tal como lo desea la organización. Al entender de esta manera a la imagen, se asume que "la estructura mental que los públicos construyen tiene unas características, valores, atributos, creencias y emociones con las que identifican y valoran a la organización (p. 106).

Capriotti (2013) afirma que una cuestión importante a destacar es que los distintos públicos de una empresa pueden considerar 'objetos', a distintos niveles de la organización, y para los cuales puede tener una imagen en particular, lo que permitiría identificar diferentes niveles de imagen en el ámbito empresarial:

- Imagen de producto genérico.
- Imagen del sector empresarial.
- Imagen del país.
- Imagen de marca de producto o servicio.
- Imagen corporativa o de marca corporativa.

Al hablar de imagen del producto genérico, se hace referencia a la imagen que tienen los públicos sobre un producto o servicio en general, más allá de marcas o empresas. Un ejemplo, puede ser la imagen que se tiene de los cigarros, la cual suele ser generalmente mala, sin importar la compañía de procedencia.

La imagen del sector empresarial es la imagen que tienen los públicos sobre el sector o industria en la que compite la organización, y que puede ser factor de influencia en la imagen de esta. Un ejemplo puede ser el sector petrolero, que ha sido acusado de prácticas poco sustentables hacia la naturaleza, por lo que las empresas de ese sector ven afectadas su imagen, sin importar las estrategias que hagan para mitigar el impacto de esa imagen.

La imagen del país se refiere a la representación que se realiza con un determinado país independientemente de que los atributos sean reales o no. Tal como sucede en la imagen del sector empresarial, los productos o servicios de un determinado país pueden tener una buena o mala imagen ante sus públicos, en la medida de la buena o mala imagen del país de procedencia de dichos productos o servicios.

La imagen de marca tiene que ver con el significado que asocian los públicos con una marca o nombre de producto o servicio. La imagen de marca se asocia con esos nombres y les da un valor agregado, pues les imprime un factor diferenciador a productos similares o iguales. La imagen corporativa es la que tienen los públicos de una organización hacia la entidad en sí. Se trata de la estructura mental de una organización que se forman los públicos a partir de procesar toda la información que reciben de esa organización.

De igual manera, Costa, en Limón Peña (2015), maneja también su escala de niveles para la imagen, misma que está comprendida de la siguiente manera:

- Imagen de marca.
- Imagen de negocio.
- Imagen corporativa.
- Imagen global.

La escala prioriza la imagen global sobre las demás, enfatizando que se trata de una imagen mental de carácter fuerte en la que la producción de mensajes tiene características de multiplicidad, abundancia y continuidad. Los mensajes son enviados de manera voluntaria o involuntaria por las empresas sometiendo a los públicos de interés a una serie de estímulos que pueden o no influir en ellos, pero que se configuran en su memoria, derivando en patrones de conducta que influyen, modifican o condicionan comportamientos.

Limón Peña (2015, p. 42) hace referencia a la imagen como hecho comunicacional, y afirma que esta tiene tres orígenes:

1. Como agente físico, real, palpable, que comunica por sus componentes formales, es la imagen física o real de la organización y sus servicios o productos.
2. Como acción de comunicación planificada que transmite conceptos o la imagen conceptual expresada a través de productos gráficos intencionales como el logotipo.
3. Como valoración realizada por el público, tanto de los aspectos físicos, como de los conceptuales. Es la valoración de la imagen o la percepción que el público tiene de la organización.

Mantener una imagen favorable, trae beneficios para las organizaciones, de ahí que una gestión adecuada de este intangible se puede ver reflejada en aspectos como los siguientes (Limón Peña, 2015): Se trata de un incentivo para la venta de los productos y servicios ofrecidos por las empresas, además de que en un factor de interés en los análisis que hacen los agentes financieros y los inversionistas. Una imagen positiva es generadora de confianza entre públicos internos y externos, y proporciona autoridad a la empresa, construyendo bases para el éxito y la continuidad. Las empresas que gestionan de manera adecuada su imagen sobresalen de entre sus competidores y les facilita mantenerse un paso delante de ellos. Una imagen sólida sirve para la atracción de talento de primer nivel, de capital; suele generar opiniones favorables en los medios de información y brinda herramientas para la negociación. "Una imagen corporativa positiva es una condición indispensable para la continuidad y el éxito estratégico. Ya no se trata de algo exclusivo del marketing, sino más bien de un instrumento estratégico de la alta dirección" (Limón Peña, 2015, p. 51).

Merino y Pintado (2014), así como Argenti (2009) y Capriotti (2013), hacen referencia a la importancia que tiene iniciar los procesos de gestión de la imagen, haciendo investigación sobre la misma. Merino y Pintado (2014) utilizan el término 'auditoría de imagen', refiriéndose a este como "una serie de exámenes periódicos o esporádicos cuya finalidad es analizar y evaluar la imagen de la empresa desde distintas perspectivas en un momento determinado" (p. 90). Las auditorías permiten clarificar la situación y lograr un diagnóstico que nos permita encontrar problemas concretos y establecer programas de solución a los mismos. Con estos procesos podemos determinar la imagen que se tiene de las empresas, sin importar si es buena o mala. En caso de ser mala, tendremos la oportunidad de encontrar las causas y corregirlas. Si es buena, podemos tener un control sobre los aspectos que nos permitirán continuar con esa buena imagen.

Sanz de la Tajada en Merino y Pintado (2014), propone un modelo que permite planificar las estrategias encaminadas a la gestión de la imagen. Este modelo se inicia definiendo el perfil de identidad de la empresa y la asignación de responsabilidad de la imagen de la empresa, para posteriormente analizar la situación de la empresa y del entorno mediante la identificación de los públicos y el posicionamiento analítico de la empresa, con lo que se obtendrá un análisis de retos y oportunidades. Toda vez que se haya realizado el análisis, se procede al establecimiento de objetivos según los públicos, con lo cual se podrá desarrollar un plan de comunicación e imagen, mismo que deberá tener el visto bueno de los altos niveles de la organización. Dicho plan deberá tener las medidas necesarias de control que nos permitan el seguimiento adecuado. Este modelo que plantea Sanz de la Tajada es en esencia similar a la estructura de los modelos que también plantean, Argenti (2009) y Capriotti (2013), quienes coinciden en que es necesario tener la información para luego establecer los objetivos y posteriormente poder tener el plan completo.

La noción de imagen está relacionada con la de reputación, principalmente en lo relativo a la consolidación a través del tiempo (Capriotti, 2009). Argenti (2009), especifica que la reputación difiere de la imagen porque se construye en el tiempo, y no es la simple percepción en un espacio específico de tiempo. Autores como Fombrun y Villafañe, se manifiestan en ese mismo sentido al señalar que "la reputación sería el resultado del mantenimiento de una imagen positiva en los públicos durante un periodo de tiempo prolongado" (Capriotti, 2009, p. 7). También Limón Peña (2015) coincide con la importancia de mantener una buena imagen: "La investigación ha demostrado que nueve de cada 10 consumidores señalan que, al elegir entre productos similares en calidad y precio, la reputación de la empresa determina qué producto o servicio comprar" (p. 52). Sin embargo, resulta muy complicado establecer el periodo de tiempo o plazo en el que se dejaría de hablar de imagen para hablar de reputación.

Capriotti (2013) plantea una conclusión respecto a la imagen de una organización al afirmar que:

> Condiciona la realización de una valoración, de un juicio sobre la empresa. De esta manera, la entidad es considerada como positiva o negativa, como buena o mala, a partir del individuo de que posee suficiente información para poder calificarla de esa manera. En función de dicha valoración, el individuo probablemente actuará, con lo cual la Imagen Corporativa existente en la memoria jugará un papel determinante como motivador de la conducta de los públicos. (p. 67)

Todo lo anteriormente expuesto respecto a la imagen, tiene una relación muy importante con la reputación, pues al final ambos conceptos hacen tienen que ver con percepciones sobre aspectos que se tienen de la organización, entre los que se encuentran su desempeño financiero, las referencias que tiene como empleador, el impacto que tiene en su comunidad, entre otros. La diferencia radica, como lo exponen algunos autores, en la necesidad de mantener un desempeño positivo durante el tiempo, cuidando esos aspectos de gestión empresarial, lo que eventualmente las llevarán a generarse una buena reputación.

2.3. MARCA CORPORATIVA

Como se ha indicado, para algunos autores la marca sí es un activo frente a la identidad y la imagen que se considerarían recursos. Al referirnos a la marca corporativa apuntamos a la marca que representa a la compañía, no propiamente a la marca del producto como tal. La marca corporativa y la del producto comparten la característica de crear diferenciación y pertenencia; sin embargo, la marca corporativa expresa la identidad, los valores, la visión y la cultura de una empresa, "convirtiéndose así en el elemento que cohesiona y aporta referencialidad en la relación de la organización con todos sus *stakeholders*" (Villagra *et al.*, 2015, p. 797). La marca corporativa está vinculada a la identidad, entendida como los atributos fundamentales que logran la diferenciación entre las marcas existentes en el mercado (Capriotti, 2009).

Costa (2015) afirma que:

> La relación de los individuos con las marcas se apoya en gran medida en esta capacidad de integrarlas a nuestro lenguaje, a nuestra memoria y a nuestra conducta como consumidores de ideas y de productos, y como usuarios de símbolos y de servicios. (p. 12)

El concepto de marca ha evolucionado de ser un activo tangible táctico más relacionado con el departamento de *marketing* y enfocado hacia la comunicación externa, a ser un activo intangible de corte estratégico, presente en todos los departamentos de la empresa y centrado en la comunicación externa e interna (Carcelén y Villagra, 2004). Este cambio trajo consigo una concepción diferente de la marca, adquiriendo una dimensión de 'marca experiencia', es decir, "la marca ahora se traduce en la experiencia entregada por la organización a través del contacto con sus públicos" (Carcelén y Villagra, 2004, p. 108).

Esta 'marca experiencia' está integrada por elementos externos e internos. En los externos encontramos elementos como el logotipo, diseño, diseño de punto de venta, productos y servicios, comunicación, portafolio de marcas, así como las extensiones de marca; mientras que en los internos podemos encontrar a la cultura interna, los valores corporativos, comportamientos y actitudes, la formación y la comunicación interna, encontrando en los empleados, sus principales embajadores de marca (Merino Bobillo y Sánchez-Valle, 2021).

Balmer (2003) propone que las marcas corporativas tienen cinco características fundamentales:

- Una característica cultural, pues sus raíces podemos encontrarlas en la cultura de la organización, por lo cual la comunicación interna, así como la gestión del talento, se vuelven importantes para fortalecer dicha cultura, y de paso la marca.
- Es de naturaleza intrincada, pues es multidimensional y multidisciplinaria. Su impacto se da al interior y al exterior de la organización y trasciende cualquier límite organizacional.
- Su impacto es tangible, pues se puede medir en su impacto financiero, ganancias, sueldos y cobertura geográfica.
- También es etérea, pues su impacto se puede ver en la respuesta emocional de sus grupos de interés.
- Requiere un compromiso. No se trata de algo que puede dejarse a la deriva. Requiere que toda la organización se implique en su gestión, comenzando con el director general o CEO, así como todos los funcionarios de más alto nivel.

Dada la importancia que tiene la marca para la consecución de los objetivos estratégicos, su gestión, también conocida como *branding*, cobra mucha relevancia. Esta tarea implica que los responsables de la imagen y la reputación de la marca se impliquen de manera total y ejerzan un control constante de cómo la marca está evolucionando en el tiempo, por lo que se trata de un proceso estratégico que requiere plantear los pasos de manera concreta. "Se trata de contagiar y compartir el 'espíritu de la marca para que este trascienda desde dentro hacia fuera de la organización" (Costa, 2005 p. 87). Si bien la responsabilidad de la gestión es de todos en la empresa, es una tarea que debe ser liderada desde la dirección de comunicación con apoyo de las direcciones de recursos humanos y marketing (Costa, 2015). El *branding* va más allá de frases pegajosas o anuncios llamativos, incluso va más allá de la calidad de los productos, se trata de alinear las promesas que hace la marca con la experiencia que viven sus públicos de interés, la dificultad de esta alineación es donde muchas marcas fallan. "La razón más común de fallo, es la desconexión entre la propuesta de valor declarada y la experiencia real" (Mlodzik, 2006, p. 410).

La multinacional francesa de publicidad y relaciones públicas, Havas Group, se ha dedicado, desde 2008, a estudiar el impacto de las marcas en la vida de la gente, y el sentido que cobran para todos los públicos de interés, a partir de una correcta estrategia de *branding*. Los resultados de dichos estudios aparecen cada dos años en el reporte *Meaningful Brands*. El CEO de dicha firma Yannick Bolloré, señala que el estudio es una llamada de atención al hecho de que los resultados confirman que, a un alto porcentaje de los entrevistados, no le importaría que la mayoría de las marcas desapareciera y explica que las audiencias, empujadas por su creciente interconectividad, se han convertido en sí en plataformas mediáticas, por lo que "hoy es más importante que nunca, vincularse efectivamente con esas audiencias, para que puedan impulsar los valores y mensajes de tu marca, así como generar lealtad, recomendaciones y, por tanto, ventas" (Havas Group, s.f., p. 1).

En la edición 2019 del reporte Meaningful Brands (Havas Group, s.f.) se explica que, para que las marcas tengan algún significado en la vida de sus *stakeholders*, es necesario ir más allá de los productos o servicios y analizar cómo las marcas mejoran de manera tangible la vida de las personas y el rol de estas en la sociedad. Algunos de los resultados más relevantes que se presentan en dicho estudio son los siguientes:

- A la gente no le importaría si el 77 % de las marcas desapareciera.
- 84 % de los encuestados piensa que las marcas deberían comunicar de manera efectiva sus compromisos y promesas, pero solamente el 38 % piensa que las marcas lo están haciendo.
- Las marcas deben hacer activismo a favor de causas sociales.
- 90 % de los encuestados espera que las marcas generen contenidos que genere experiencias, soluciones, entretenimiento, historias y eventos; sin embargo; 58 % de los encuestados considera que el contenido no genera interés.
- Las 10 marcas mejor valoradas de acuerdo con la metodología de Meaningful Brands, fueron: Google, Paypal, Mercedes Benz, WhatsApp, YouTube, Johnson & Johnson, Gillette, BMW, Microsoft y Danone.

Otro de los reportes más reconocidos en el tema de la gestión de marca y su impacto en los *stakeholders*, es el producido por la firma estadounidense, Interbrand. El reporte Best Global Brands 2020 (Interbrand. s.f.) señala que las mejores marcas globales presentan tres características fundamentales:

- Liderazgo, entendido como la expectativa que tienen los *stakeholders* para que las organizaciones vean más allá del caos y la incertidumbre causadas por la complejidad del entorno y sirvan como guía que dirija los cambios.

- Compromiso con las causas que tienen impacto en las sociedades actuales, siempre mostrando coherencia con sus valores y propósitos.
- Relevancia, para darle un sentido de pertenencia y afinidad a los *stakeholders*, y con esto sientan siempre la presencia de la marca.

De acuerdo con todas estas características, el estudio arrojó que las 10 mejores marcas globales eran: Apple, Amazon, Microsoft, Google, Samsung, Coca Cola, Toyota, Mercedes Benz, McDonald's y Disney.

La marca corporativa tiene tres beneficios (Hulberg, 2006), el primero es la capacidad de diferenciación al lograr que sus atributos sean más difíciles de copiar, el segundo se refiere a la transparencia, ya que refleja de modo más abierto y accesible la información proporcionada por la compañía, y el último es la reducción de costos, pues en lugar de impulsar varias marcas, se potencia una estrategia conjunta que favorezca sinergias y mensajes consistentes. La marca corporativa adquiere un rol más determinante al momento de la decisión de compra, pues la manera de determinar el valor de una marca es a través del valor que tiene en el presente y el precio de las rentas futuras que pagaría el titular de una marca por una licencia de la marca de un tercero, para lo cual se tienen tres enfoques de valoración (Salinas y Alloza, 2015):

1. Enfoque de ingresos: que proporciona una indicación del valor a través de la conversión de flujos de caja futuros en un valor monetario corriente. El enfoque de ingresos hace una estimación de los flujos de caja después de impuestos, que pueden pronosticarse y que son atribuibles al activo durante su vida económica útil remanente, así como a la conversión de esos flujos a su valor actual, aplicando la correspondiente tasa de descuento.
2. Enfoque de mercado: este enfoque proporciona una indicación del valor por comparación entre el activo que se está estudiando con otros que sean idénticos o similares y de los cuales se tenga información del precio de transacción. También encontramos indicadores de valor en las ofertas previas. El carácter único que tienen las marcas, así como su naturaleza heterogénea, reduce la posibilidad de encontrar transacciones de mercado relativas a marcas idénticas. Es por esto por lo que, en algunas ocasiones, la comparabilidad se puede hacer a partir de ratios o múltiplos del precio con relación a parámetros como ventas o beneficios.
3. Enfoque de costo: este proporciona una indicación del valor que parte del supuesto de que un inversor prudente no pagaría más por un activo que su costo de sustitución o reproducción. En este enfoque se hace necesario que el activo a valorar sea fácilmente reemplazable o que el valor del mismo sea proporcional a la inversión realizada; sin embargo, al hablar de marcas, este enfoque presenta serias limitaciones ya que no existe relación causa-efecto entre la inversión o costes dedicados a una marca y su valor resultante.

Un aspecto fundamental por considerar en la gestión de las marcas es su comunicación (Villagra y López, 2015). Con una adecuada estrategia se promueve la diferenciación de su competencia, principalmente en el entorno actual en el que los nuevos escenarios de la comunicación promueven un diálogo bidireccional entre las empresas y sus *stakeholders*, cocreando contenidos con ellos y generando de manera conjunta un cambio en la sociedad, lo que trae como consecuencia la obtención de credibilidad y reputación.

Todo lo expuesto anteriormente nos permite entender que las marcas han dejado de ser simples representaciones visuales que nos permiten identificar productos, servicios y compañías. La moderna gestión de marca, o *branding*, como también se le conoce, permite a los *stakeholders* conocer más a fondo las marcas e involucrarse a través de ellas con todo lo que rodea a las empresas, valores, cultura y propósitos. Con ello, las marcas se convierten en parte de la vida de las personas y buscan tener significado para ellas por lo que, con una adecuada gestión durante el tiempo, logrará ganarse una buena reputación en el imaginario de sus públicos de interés.

2.4. CULTURA ORGANIZACIONAL

Otro de los intangibles ligados a la comunicación que tiene un impacto profundo en la reputación, es la cultura de las organizaciones. Para Sanchez (2006), la cultura es uno de los factores clave en el funcionamiento de una organización, pues determina su manera de trabajar, su respuesta a las exigencias del entorno de negocios, así como en la manera en la que mide y recompensa el talento y habilidades de sus colaboradores. La cultura también define el grado de interacción social que existe entre la manera en la que trabajan los colaboradores y como se refleja en la atención que se brinda a los clientes. Las estrategias de comunicación de las compañías son una clara muestra de cómo es su cultura y cómo trabaja su gente. Uno de los aspectos más importantes que tiene que ver con la estrategia de comunicación es:

> Si los valores relacionados a la marca externa se comunican a, y son reflejados, por el comportamiento interno de los empleados. La manera en que los valores de la marca reflejan cómo se trata a los empleados, cómo se tejen los programas de recursos humanos, y como se comunican, se convierten en una fuerza que moldea la cultura. (p. 41)

De acuerdo con Caliskan y Zhu (2020), es Pettigrew quien en 1979 introduce a la literatura el término de cultura organizacional definiéndola como un sistema de significados compartidos por un cierto grupo de personas y compuesto por símbolos, lenguaje, creencias, ceremonias y leyendas. Schein (2010) sostiene que la cultura de la organización es un sistema de valores compartidos entre los empleados, un conjunto de supuestos que tienen que ser enseñados, y que son fundamentales para distinguir una organización de otra. En ese mismo sentido se pronuncia Capriotti (2009, p. 24) al definir la cultura de la organización como "el conjunto de creencias, valores y pautas de conducta compartidas y no escritas, por la que se rigen los miembros de una organización, y que se reflejan en sus comportamientos".

La cultura en una organización puede convertirse en fuente de ventaja competitiva. "Es escasa, valiosa e imperfectamente imitable" (Martínez León y Cifuentes Olmedo, 2006, p. 4). Para que esta ventaja se mantenga en el tiempo es importante que se trate de una cultura flexible ante los cambios en el entorno y que se posean los conocimientos y habilidades gerenciales para llevar a cabo esos cambios.

Villafañe (2008) explica que la cultura en una organización cumple las siguientes funciones:

- Construye la identidad corporativa al diferenciarla de otras organizaciones y favoreciendo el consenso sobre la misión de la compañía.
- Sirve como elemento de cohesión al interior de la organización al permitir que sus miembros se sientan identificados, creando en ellos un sentido de pertenencia y legitimando las formas de influencia y poder, así como determinando las formas idóneas para que se dé el aprendizaje.
- La cultura también favorece la implicación del personal en todo el proyecto empresarial, haciendo converger los intereses individuales y corporativos, y promoviendo la intersección de los valores de cada persona, con los de la empresa.
- Es determinante en el clima al interior de la organización, mejorando las condiciones para el desempeño, convirtiéndose en un mecanismo de autorregulación y contribuyendo a resolver los problemas internos que pudieran presentarse.

La cultura organizacional se puede concretar en tres elementos (Sebastián Morillas y López Vázquez, 2013): lo que somos, o sea, nuestra identidad, los que pensamos, es decir, nuestros valores, y lo que hacemos, la estrategia. "La cultura de una organización define esa identidad, valores y estrategia. Quizá no de una manera directa, pero siempre observable a través de indicadores culturales como la estructura interna, las relaciones jerárquicas, la historia de la organización, etc." (Sebastián Morillas y López Vázquez, 2013, p. 118). La cultura tiene tres niveles que deben ser analizados para poder entenderla (Schein, 2010): los artefactos, las creencias y valores, y los supuestos básicos. Los artefactos están compuestos por estructuras y procesos visibles y sensibles, así como por el comportamiento observado, aunque este último puede ser difícil de descifrar. Las creencias y valores son los ideales, metas, valores y aspiraciones, las ideologías y racionalizaciones, que pueden o no, ser congruentes con el comportamiento y otros artefactos. Los supuestos básicos son creencias y valores que de manera inconsciente se toman por sentados. Todo lo anterior convierte a la cultura de la organización en un elemento vital que influirá en la forma en que los empleados valorarán y juzgarán a su organización (Capriotti, 2009).

McShane y Von Glinow (2002), señalan que lograr una cultura organizacional fuerte depende básicamente de cinco factores:

1. Las acciones de los fundadores y líderes, pues son ellos quienes establecen la cultura en la organización.
2. Introducir recompensas culturalmente consistentes, como pueden ser beneficios de asistencia y bonos por buenas evaluaciones entre pares.
3. Mantenimiento de una fuerza de trabajo estable, ya que, al estar la cultura embebida entre los empleados, una baja rotación de personal facilita la oportunidad de fortalecer todos los elementos de la cultura.
4. Manejar redes culturales, principalmente con estrategias de comunicación que permitan fortalecer la transmisión de los valores que se comparten en la organización.
5. Selección y socialización de los empleados, mediante técnicas que permitan determinar si los candidatos tienen características compatibles con la forma de ser de la organización, lo que evitará choques culturales.

Al referirse a los líderes de la organización, Sebastián Morillas y López Vázquez (2015), afirman que:

> La definición de cultura corporativa suele estar muy relacionada con la personalidad de los fundadores o líderes de una compañía. Por eso, aunque diferentes compañías parezcan tener unos cimientos muy parecidos sobre los que descansa su cultura corporativa, esta acaba siendo muy diferente es sus creencias y en sus valores. (p. 115)

Son seis las maneras en las que Schein (2010) plantea que los líderes promueven la cultura en la organización:

1. Con la atención que ellos ponen a la medición y al control.
2. Cómo reaccionan a incidentes importantes y crisis organizacionales.
3. Cómo ubican sus recursos.
4. Su rol en el moldeo y formación de las personas.
5. Cómo brindan recompensas y reconocimientos.
6. Cómo reclutan, seleccionan, promueven y despiden al personal.

Todo lo anterior tiene un peso importante en la generación de culturas sólidas, pero también de culturas en las que se rompen todo tipo de reglas éticas. Sims y Brinkmann (2003) señalan que, si los líderes corporativos impulsan un comportamiento orientado al rompimiento de las reglas y privilegian un entorno de intimidación y agresividad, no es de sorprender que los límites éticos desaparezcan por completo. Un ejemplo claro es lo que ocurrió con Enron en 2001, que llevó a esta compañía a convertirse en uno de los fraudes corporativos más estridentes de la historia de las corporaciones.

Al hablar de tipos de cultura, Smith y Mounter (2008), así como Villafañe, en Sebastián Morillas y López Vázquez (2013) plantean cuatro tipos:

1. Culturas de poder, por lo general, centradas en el fundador, quien se convierte en el vocero de la compañía y toda gira alrededor de esta persona.
2. Cultura de rol, es decir, burocráticas y que ponen énfasis en la función y la especialización. Se da mucha atención a los procedimientos y a las reglas, así como a las políticas empresariales.
3. Cultura de persona, centrada en los individuos que conforman la organización y el desarrollo de ellos en sus actividades.
4. Cultura de tarea, centrada en las actividades o proyectos de las personas. Es muy común en estos días y claros ejemplos de ello son las empresas tecnológicas como Google, en donde se da prioridad a los proyectos más que a las posiciones en el organigrama.

El actual entorno de negocios favorece las fusiones de varias compañías, y en los últimos años hemos sido testigos de algunas fusiones exitosas, pero algunas otras que terminaron en estrepitosas separaciones como las de Daimler-Chrysler o la de Disney-Pixar. Este choque de culturas se produce cuando no se hace un estudio adecuado, conocido como auditoría de cultura, de las características propias de la cultura de ambas compañías, tal como lo señalan McShane y Von Glinow (2002) quienes explican cuatro maneras en las que suelen fusionarse las culturas:

1. Asimilación: cuando la compañía adquirida adopta la cultura de la compañía adquiriente. Funciona mejor cuando la compañía adquirida tiene una cultura débil.
2. Deculturación: consiste en que la firma adquiriente impone su cultura a la firma adquirida, a pesar de la resistencia de esta. Se da básicamente porque la cultura de la firma adquirida no funciona, pero los empleados no se han dado cuenta de esto. Suele ser difícil que una deculturación funcione, pues genera mucha resistencia de parte de los colaboradores.
3. Integración: cuando dos o más culturas se combinan para crear una nueva cultura. Ambas culturas tienen muchos aspectos de mejora y al combinarse surgirá una más fuerte.
4. Separación: las compañías que se fusionan permanecen como entidades distintas, con un mínimo intercambio de aspectos culturales o prácticas organizacionales. Esto suele presentarse cuando ambas culturas han demostrado operar de manera exitosa en sus respectivas áreas.

Todas las organizaciones poseen una cultura por el solo hecho de establecerse una interacción y relación entre los miembros de la organización. La cultura en la organización es una estructura 'suprapersonal' de la misma manera que lo es la cultura de una sociedad, pues está más allá de las personas que la asumen al establecerse como un conjunto de pautas que están por encima de los miembros del grupo. La cultura se convierte en un factor de integración para todos los que forman parte de la organización, y quienes se integran deben aceptar las pautas y asumir los valores de manera que puedan convertirse de manera exitosa en miembros más del grupo. (Capriotti, 2009)

La cultura de la organización es un elemento clave para la reputación de esta y mientras este concepto de reputación no esté presente entre los empleados como parte de sus supuestos básicos, estos no actuarán en consecuencia para lograr que la compañía obtenga una buena reputación (Esenyel, 2020). Los empleados son la parte central del mensaje que la compañía desarrolla en términos de comunicación, "ellos son el soporte de los valores, propósito y estrategias que crean una cultura, lo cual mantiene una reputación corporativa positiva" (Cravens y Oliver, 2006, p. 296).

Con todo lo expuesto se puede lograr entender el papel tan relevante que tiene el fortalecimiento de la cultura en una organización para lograr que esta sea reconocida como una empresa con buena reputación. Las empresas que promueven una cultura sólida mantienen una fuerza de trabajo estable que vive los valores de la organización y que está dispuesta a convertirse en una especie de embajador. En una cultura sólida, los colaboradores están dispuestos a comunicar con sus acciones la cercanía que busca mantener la compañía con todos sus *stakeholders* y, por lo tanto, hacer que estos mantengan una percepción positiva de ella, logrando con el tiempo una excelente reputación.

2.5. RESPONSABILIDAD SOCIAL CORPORATIVA

La Responsabilidad Social Corporativa o Empresarial (RSC) ha cobrado mayor relevancia en las décadas más recientes (Valenzuela *et al.*, 2015; Fuentes, 2019; Lizarzaburo y del Brio, 2016; Morales y Fuente, 2018, Argenti, 2009; Suárez, 2020). Anteriormente, las organizaciones sin fines de lucro eran las entidades relacionadas con los temas medioambientales y de apoyo social, mientras que las grandes corporaciones tenían como su único interés, la generación de ganancias (Argenti, 2009). Hoy en día, las empresas les dan más peso a las estrategias de RSC y el impacto que estas tienen en la sociedad, motivados principalmente por dos aspectos, la creciente atención de estos asuntos por parte de los medios de comunicación, y porque la percepción que tienen las acciones de RSC, impactan los mercados financieros y de consumo (Carcelén y Villagra 2004).

Valenzuela *et al.* (2015) define a la RSC como:

> [...] todo proceso por el cual las empresas deciden contribuir al logro de una mejor sociedad y un medio ambiente más limpio. Esta responsabilidad se expresa frente a los empleados y, en general, hacia todos los interlocutores de la empresa y que a su vez pueden influir en su éxito. (p. 331)

Al hacer una revisión teórica sobre la RSC, Lizarzaburu y del Brio (2016) señalan que la literatura plantea cuatro dimensiones en común, que son: "los beneficios de la RSC en las empresas, la actuación política de las empresas en la sociedad, las demandas sociales sobre la RSC y los valores éticos" (p. 44). Estos autores plantean que, tomando en cuenta esas premisas, las teorías relativas a la RSC se podrían dividir en instrumentales, políticas, integradoras y éticas.

Las instrumentales hacen referencia a las que consideran a las empresas como un instrumento para generar riqueza, y las actividades sociales que lleva a cabo, como un medio para alcanzar resultados económicos. El bloque relativo a las teorías políticas se refiere a los efectos que tiene un poder excesivo de la empresa en nuestra sociedad y los beneficios que tendría un ejercicio responsable de dicho poder en el escenario político. Las teorías integradoras se relacionan con el estudio de la identificación, canalización, capacitación y respuesta de las empresas ante las demandas sociales que ejercen los grupos de interés. Por último, en lo relativo a las teorías éticas, estas estudian la responsabilidad ética que las empresas tienen hacia la sociedad.

Es partir de la década de 1970 cuando la sociedad empieza a fortalecer el escrutinio sobre cómo obtenían sus ganancias las empresas, por lo que sus prácticas empezaron a ser cuestionadas y las grandes corporaciones se vieron en la necesidad de unir muy bien sus estrategias para generar riqueza, a la búsqueda de un bienestar social (Argenti, 2009). Un ejemplo de lo anterior es la crisis que vivió Nike en la década de 1990, cuando fueron expuestas a la opinión pública las deplorables condiciones laborales de las personas que trabajaban en la fabricación de sus productos.

Tratar de definir lo que es un comportamiento corporativo responsable puede resultar complejo. Campbell (2007) señala que hay demasiados asuntos y puntos de vista a tomar en cuenta. Podría hablarse de un comportamiento responsable en las organizaciones que se preocupan de que sus colaboradores tengan un buen nivel de vida. De la misma manera pudiera referirse a un buen comportamiento cuando no genera problemas al medio ambiente de una comunidad y a la salud de quienes habitan en ella. Sin embargo, también hay algunos criterios subjetivos, en los que se puede hablar de comportamientos responsables cuando se cumplen las expectativas de cada uno de sus *stakeholders*.

Es por lo anterior que la Organización para la Cooperación y el Desarrollo Económico, OCDE, desarrolló un documento denominado 'Líneas Directrices de la OCDE para Empresas Multinacionales' (OCDE, s.f.), que ofrece recomendaciones dirigidas por gobiernos a empresas multinacionales que tienen operación en países adherentes o con sede en ellos. Estas líneas directrices presentan principios y normas no vinculantes orientadas a generar una conducta empresarial responsable en el contexto global en el que vivimos y que estén conformes con las leyes aplicables, así como las normas que tienen un reconocimiento internacional. Estas directrices han pasado a convertirse en el único código de conducta empresarial responsable que ha sido acordado de manera multilateral, con un compromiso de promoción por parte de los gobiernos.

Las recomendaciones presentadas por el documento de la OCDE (s.f.) buscan promover una contribución positiva por parte de las empresas al progreso económico, medioambiental y social del mundo entero, y para ello hacen énfasis en los siguientes puntos:

1. Principios Generales: las empresas deben operar de acuerdo con la legislación y reglamentación nacional de los países donde operan. Además de lo anterior, es necesario que determinen, prevengan y mitiguen los impactos negativos que causen en materia de derechos humanos, derechos laborales, medio ambiente y anticorrupción. Esto es aplicable tanto a las actividades propias de la empresa, como a las que conforman su cadena de suministro.
2. Publicación de la Información: se refiere a la difusión oportuna por parte de las empresas de información real acerca de sus objetivos, actividades, estructura, situación financiera y resultados. A las empresas se les invita a comunicar información adicional sobre sus políticas, auditorías internas, gestión de riesgos, relación con sus empleados, entre otros.
3. Derechos Humanos: queda establecido que las empresas deben proteger los derechos humanos de aquellos que vean algún tipo de afectación por sus actividades, consistentes con los compromisos y obligaciones internacionales suscritas por el país donde ejercen sus actividades.
4. Empleo y Relaciones Laborales: todas las empresas tienen el deber de respetar el derecho de asociación sindical, así como de cooperar con los representantes de los trabajadores y luchar contra la discriminación. De igual manera deben contribuir a la abolición efectiva del trabajo infantil, así como la eliminación de toda forma de trabajo forzado.
5. Medio Ambiente: hace énfasis en la responsabilidad que tienen las empresas para proteger el medio ambiente, la salud, la seguridad pública, así como de realizar sus actividades de una manera que contribuya al desarrollo sostenible.
6. Lucha contra la Corrupción: en este punto se deja claro que las empresas no deben ofrecer, prometer, conceder o solicitar, directa o indirectamente, pagos ilícitos u otras ventajas indebidas para obtener o conservar un contrato o una ventaja ilegítima.
7. Intereses de los Consumidores: el objetivo es asegurar que las empresas respeten los derechos de los consumidores, entre ellos, los referidos a la calidad y salubridad de los productos. Enfatiza también, la importancia de que las empresas sigan prácticas leales de comercio, mercado y publicidad.

8. Ciencia y Tecnología: se da el reconocimiento al papel importante que juegan las empresas en la mejora de la tecnología local, sin que con ello se vean comprometidos sus derechos de propiedad intelectual. Se especifica que, a través de la transferencia de nuevas tecnologías entre los países, las empresas deberían contribuir al desarrollo de la capacidad innovadora en los países en que operan.
9. Competencia: las reglas de la competencia son promovidas y se especifica que las empresas deben abstenerse de adelantar actividades que puedan tener efectos anticompetitivos.
10. Tributación: las empresas deben contribuir a las finanzas públicas de los países en que operan, efectuando el pago puntual de sus obligaciones fiscales y absteniéndose de utilizar los precios de transferencia con el fin de transferir beneficios o pérdidas de manera inapropiada.

El índice KLD (Kinder, Lyndenberg, Domini Research & Analytics), es una base de datos generada anualmente, que da cuenta de 50 indicadores de responsabilidad social corporativa, que han sido divididos en siete categorías: ambiental, comunidad, derechos humanos, relaciones con colaboradores, diversidad, producto y gobierno corporativo (Suárez, 2020). La tabla 2 presenta un resumen de dichos indicadores.

Tabla 2. Indicadores de RSC por categorías

Indicador	Componentes	Indicador	Componentes
Ambiental	Productos y servicios benéficos	Diversidad	Representación (mujeres y minorías)
	Prevención de la contaminación		Consejo de dirección (mujeres y minorías)
	Reciclaje		Balance vida/trabajo
	Energías limpias		Contratación de mujeres y minorías
	Sistemas de gestión		Políticas LGTB+
	Otros		Empleo de los grupos menos representados
Comunidad	Donaciones a caridad		Otros
	Donaciones innovadoras	Producto	Calidad
	Compromiso de la comunidad		Beneficios a los económicamente afectados
	Otros		Accesos a capital
Derechos Humanos	Relaciones con etnias indígenas		Seguridad del producto
	Fortaleza		Mercadotecnia y contratación
	Políticas e iniciativas de derechos humanos		Limitaciones a los monopolios

Indicador	Componentes	Indicador	Componentes
Relaciones con colaboradores	Relaciones con sindicatos		Relaciones con consumidores
	Reparto de utilidades	Gobierno Corporativo	Calidad de los reportes
	Involucramiento de colaboradores		Políticas públicas
	Salud y seguridad		
	Programas, políticas e iniciativas de la cadena de suministros		
	Otros		

Fuente. Suárez (2020, p. 13).

Campbell (2007) por su parte, orienta su estudio a conocer las razones por las que las compañías deciden adoptar comportamientos socialmente responsables, y resume sus conclusiones, con ocho propuestas:

1. Será menos probable que las empresas se comporten de una manera socialmente responsable cuando estén experimentando un rendimiento financiero débil y cuando operen en un entorno económico no saludable con limitadas posibilidades de generación de ganancias en los periodos correspondientes.
2. Será menos probable que las empresas actúen de manera responsable cuando haya mucha o poca competencia. Habrá una relación curvilínea entre la competencia y los comportamientos socialmente responsables.
3. Será más probable que las empresas se comporten de una manera socialmente responsable cuando exista una regulación fuerte y bien establecida por parte de las autoridades, que den seguridad a ese comportamiento, especialmente si estas regulaciones surgieron de las negociaciones entre autoridades, empresa y *stakeholders*.
4. Será más probable que las empresas se comporten de manera socialmente responsable si existe un sistema bien organizado y efectivo de regulaciones auto impuestas por la industria, principalmente si se basa en la amenaza percibida de intervenciones por parte de la autoridad, o apoyo del estado hacia este tipo de injerencias.
5. Será más probable que las empresas se comporten de manera responsable si existen organizaciones privadas o independientes, incluyendo ONG, organizaciones de la sociedad civil, inversores o medios de comunicación, que ejerzan un fuerte escrutinio hacia su comportamiento y las acciones que lleve a cabo.

6. Será más probable que las empresas se comporten de manera socialmente responsable si compiten en entornos en los que las regulaciones lo exigen de esa manera y lo han institucionalizado.
7. Será más probable que las empresas actúen de manera responsable si pertenecen a asociaciones comerciales o de empleo, y estas asociaciones están organizadas de manera que se promueve este tipo de comportamiento.
8. Será más probable que las organizaciones se comporten de manera responsable si mantienen un diálogo constante con sindicatos, grupos comunitarios, inversionistas y otros *stakeholders*.

Independientemente de las razones que una empresa pudiera tener para llevar a cabo estrategias de RSC, estas contribuyen de manera significativa para lograr una buena reputación corporativa (Argenti, 2009), pues influye en el logro de una percepción adecuada hacia la compañía por parte de sus *stakeholders*.

2.6. CONCLUSIONES DEL CAPÍTULO

La información presentada busca establecer que los activos intangibles relacionados con la comunicación están directamente ligados al logro de una buena reputación corporativa. La gestión de cada uno de estos activos implica alinear perfectamente todos los elementos que conforman la esencia de la organización para luego comunicarlos a los diferentes *stakeholders* y que se sientan identificados con ella, estableciendo en su imaginario una percepción adecuada que con el tiempo se convierta en una buena reputación.

Ángel Alloza CEO de Corporate Excellence afirma:

> "Hace 50 años vivíamos en la economía de lo tangible, donde el 80 por ciento del valor y del riesgo, estaba en cómo gestionamos el capital financiero y el capital manufacturero, pero al día de hoy es al revés, el 80 por ciento es cómo gestionar los capitales intangibles, el capital social y relacional, capital talento, capital innovación y capital de la relación de la empresa con el medio ambiente" (A. Alloza, comunicación personal, 2 de julio de 2019).

Por su parte, Pedro Linares, gerente para México de la firma Villafañe & Asociados señala que: "hasta las pequeñas empresas son muy conscientes que la parte intangible es la más importante en este momento para gestionar" (Pedro Linares, comunicación personal, 28 de octubre de 2020).

Es una realidad que la gestión de los activos intangibles se ha convertido en una actividad que cobra cada vez más relevancia. Ocean Tomo, la consultora internacional enfocada en propiedad intelectual y gestión de activos intangibles presentó en el año 2020 su estudio sobre el valor de mercado de los activos intangibles (Ocean Tomo,

2020), en el cual, de manera específica examina el rol de los activos intangibles entre las 500 empresas más fuertes que forman parte del índice S&P y cómo se ha comportado la gestión de estos activos desde 1975, la figura 1 nos presenta una gráfica que explica dicho comportamiento:

Figura 1. Comportamiento del valor de mercado de las 500 empresas de S&P

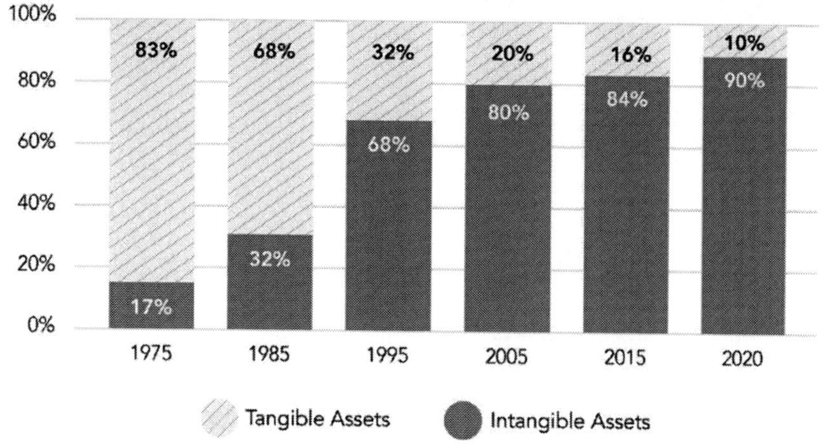

Fuente. Adaptado de Intangible Asset Market Value Study (https://oceantomo.com/intangible-asset-market-value-study/)

Gestionar de manera adecuada los intangibles de una organización, específicamente los relacionados a la comunicación, garantiza que los mensajes y las narrativas propias de la organización sean congruentes, de manera que nuestros públicos de interés entiendan de manera clara nuestros objetivos y actividades.

Capítulo 3
LA REPUTACIÓN CORPORATIVA

Al hablar de la reputación corporativa, nos referimos a uno de los activos cuya gestión ha ganado mayor importancia en las organizaciones, de aquí la importancia de explicar claramente sus orígenes, su relación con el resto de los intangibles corporativos, así como la evolución que ha tenido tanto en el campo de la consultoría de negocios, como en el de la investigación académica. Los siguientes epígrafes pretenden exponer los conceptos clave relacionados a la reputación corporativa, de manera que fundamente la importancia que tiene para los ejecutivos de las organizaciones modernas, saber cómo gestionarla.

3.1. EVOLUCIÓN DEL TÉRMINO 'REPUTACIÓN CORPORATIVA'

> Mi querido señor, en el hombre y en la mujer, el buen nombre es la joya más inmediata a sus almas. Quien me roba la bolsa, me roba una porquería, una insignificancia, nada; fue mía, es de él y había sido esclava de otros mil; pero el que hurta mi buen nombre, me arrebata una cosa que no le enriquece y me deja pobre en verdad. (Shakespeare, 1998 p. 73)

El fragmento anterior corresponde al acto tercero, escena III, de la obra Otelo, del escritor dramaturgo inglés, William Shakespeare, y nos sirve para ilustrar el valor que tiene el buen nombre, es decir, el prestigio ganado. La reputación es un concepto que está presente en la humanidad desde hace varios siglos. Su valor era señalado también por Sócrates, quien decía: "Alcanzarás una buena reputación esforzándote en ser lo que deseas aparentar" (Walker, 1999), mientras que Aristóteles se refería a la reputación unida al concepto de credibilidad y virtud pública, presentándola como 'el mayor de los bienes exteriores' y resultado de la virtud (Ferruz González, 2017).

El traslado del concepto al nivel corporativo comienza a finales de la década de 1950 con el artículo *Sharper Focus for the Corporate Image* de Pierre Martineau (Ferruz, 2017; Carreras, *et al.* 2013). En él da cuenta de los beneficios que tiene extender el concepto de 'imagen de marca' por el de 'imagen corporativa', aunque ciertamente no menciona directamente el término de reputación.

> Martineau identificó como el plano funcional de la empresa, la forma en que se comporta, las decisiones, los empleados y productos; junto con el plano más emotivo que el autor denominó 'el tono afectivo' experimentado por el actor y asociado a dichas percepciones. (Carreras *et al.*, 2013, pp. 43-44)

Sin embargo, para Costa (2018), es Charles Fombrun, quien puede considerarse el principal impulsor del concepto de 'reputación corporativa', principalmente por la notable influencia de su libro *Reputation: Realizing Value from the Corporate Image*, publicado en 1996. Villafañe (2013) coincide con esto, pero señala que también a Fombrun habría que atribuirle "la monumental confusión que ha introducido con su empeño en identificar reputación e imagen corporativa o, lo que es lo mismo, reputación y percepción" (p. 14) Lo que Fombrun (2018) afirma en su libro es que las compañías en las que la reputación es valorada, los directivos de la misma se esfuerzan de gran manera en mantener y defender las reputación con prácticas que, en primer lugar, conformen una identidad única, para luego proyectar a los públicos, una serie de imágenes congruentes. Entre algunos ejemplos podrían estar (pp. 59-60):

- Diseño de campañas publicitarias que promuevan la compañía como un todo, no solamente sus productos y marcas.
- Llevar a cabo programas ambiciosos que privilegien la calidad de los productos, así como el servicio al cliente, enfocándose en mantener a los clientes felices.
- Mantener sistemas de control que monitoreen cuidadosamente las actividades de los empleados por sus posibles efectos colaterales en la reputación.
- Demostrar sensibilidad hacia temas medioambientales, no solamente porque es una responsabilidad social, sino porque las acciones a favor del medio ambiente encajan con los programas de marketing para generar ventas.
- Contratar personal interno y conservar a sus agencias de relaciones públicas para mantener a salvo la comunicación a través de los medios de información.
- Demostrar 'ciudadanía corporativa' a través de acciones de filantropía, actividades sin fines de lucro e involucramiento con la comunidad.

En los últimos años, la reputación empresarial ha generado el interés por parte de analistas de empresas e investigadores en el ámbito académico (Martínez y Olmedo, 2010). Lo anterior se debe a sus múltiples beneficios y singularidades, pues es habitual escuchar cómo se utiliza el término para referirse de forma general a la imagen pública o la cara que hacia el exterior que tiene una organización. Sin embargo, señalan también que "el concepto implica algo más; incluye la imagen interna que los empleados, accionistas, proveedores y demás grupos de interés que se relacionan con la empresa tienen de la misma" (Martínez y Olmedo, 2010, p. 60).

Villafañe (2013) por su parte, señala que, si bien el concepto de reputación se conoce desde hace tiempo, es a finales de los años noventa del siglo pasado que se incorpora con fuerza a la literatura y al *management* empresarial. Con lo anterior coinciden Carreras *et al.* (2013), al decir que es en esa década cuando adquiere "carta de identidad propia hasta llegar a convertirse en uno de los constructos más prometedores de la gestión empresarial" (p. 45).

Algunos autores como Gaines-Ross, Dawling, Davis y Shultz, ligados al Reputation Institute, la consultora fundada por Charles Fombrun en 1997 afirman que la reputación corporativa tiene que ver con la percepción positiva o negativa que cualquier organización tiene ante sus públicos de interés, es decir, todas aquellas personas o entidades a quienes las organizaciones confían su éxito (Villafañe, 2013). Sin embargo, autores como Villafañe (2013) y Carreras *et al.* (2013) señalan que la reputación debe abordarse como una realidad poliocular porque incorpora tantas imágenes como posiciones relativas de los actores implicados, en este sentido ya no se hablará de la reputación, sino de reputaciones asociadas a un grupo de interés.

La reputación corporativa es un diferenciador para las compañías que permite sostenibilidad a largo plazo (Carrió Sala, 2013). Sin embargo, el constante escrutinio público la ha llevado a justificar su posición en el lugar más alto de la toma de decisiones, pues las organizaciones han comenzado a darse cuenta de que una buena reputación permite el incremento de ventas, la fidelización de los clientes, la atracción de talento, así como de inversores.

Ferruz (2017), Martínez y Olmedo (2010) y Carroll (2013), coinciden con el hecho de que es difícil conseguir un consenso general sobre la definición del término reputación corporativa. Señalan que son varias las disciplinas que se han relacionado con el término: la economía, la sociología, la psicología y el marketing, entre otros. Por otro lado, autores como Barens y Van Riel hacen un resumen de casi un centenar de estudios publicados en la segunda parte del siglo pasado y en su análisis concluyen que se asocia el concepto de reputación a tres categorías principales (Villafañe, 2013):

- Satisfacción de demandas sociales (41 %).
- La personalidad corporativa (24 %).
- La confianza (11 %).

Como se ha señalado recientemente, es a Charles Fombrun a quien se le atribuye ser el impulsor del concepto de 'reputación corporativa'. Fombrun y Rindova la definen de la siguiente manera (Fombrun y Van Riel, 1997):

> Una reputación corporativa es la representación colectiva de las acciones y resultados pasados de una firma, que describe la habilidad que esta tiene para entregar resultados de valor a sus múltiples *stakeholders*. Esta calibra el posicionamiento tanto internamente con los empleados, como externamente con el resto de los *stakeholders*, tanto en sus entornos competitivos, como institucionales. (p. 10)

A la crítica que hace Villafañe (2013) a esta definición, se suma también Costa (2018), quien discrepa en dos aspectos, el primero relativo a que considerar a la reputación, como 'representación colectiva' es menos aún que definir la imagen, "pues no solo está hecha de percepciones sino de opiniones ajenas y experiencias propias" (p. 184). Además de lo anterior, considera que el término *stakeholders* es ambiguo y Fombrun deja en el aire quiénes son concretamente. Ferruz (2017) afirma que "esta primacía de la percepción como el 'corazón' de muchas definiciones de reputación lleva, en algunos casos, a la confusión del concepto de reputación con el de imagen corporativa; no obstante, existen notables diferencias entre ambas" (p. 133).

Para Doorley y García (2007), Fombrum acaba definiendo a la reputación como la suma de las imágenes que de la organización tienen varios públicos de interés. Si bien aceptan dicha definición, consideraron complementarla señalando que la reputación es la suma de las imágenes, más el desempeño, más el comportamiento, más la comunicación de las organizaciones. Con este complemento coinciden también Kaul y Desai (2014).

A partir del análisis de múltiples definiciones que se tienen sobre la reputación corporativa, así como de los componentes con los cuales se abordan dichas definiciones sus autores, Ferruz (2017, p. 135) propone la siguiente definición:

> Reputación corporativa: recurso intangible propio de la empresa que se materializa en el comportamiento de la misma y que requiere de un cierto tiempo para su configuración, que es reconocido por sus públicos como generador de valor en tanto se ajusta a lo que estos estiman como meritorio de la misma.

En un estudio posterior, la misma Ferruz (2020, p. 2) explica que la reputación corporativa:

1. Es un recurso estratégico, gestionable y que aporta valor al negocio.
2. Tiene una dimensión global.
3. Es un resultado de acciones que lleva a cabo la empresa con todos sus *stakeholders*.
4. Estas acciones deben mantenerse en el tiempo para ser reconocidas como configuradoras de reputación.
5. Estas acciones poseen una dimensión axiológica puesto que deben responder a necesidades concretas de los públicos, de forma que aporte un valor real para los mismos.
6. Los públicos son parte inequívoca de la ecuación reputacional en tanto que es necesario su reconocimiento para que la reputación surta efecto, pero no se da una relación causal ni es estrictamente necesaria la interactuación entre público y empresa.

Kaul y Desai (2014), por su parte, señalan que una buena reputación brinda las siguientes ventajas:

- Ayuda a generar decisiones financieras que sean aceptadas por los *stakeholders*.
- Permite la venta de los productos a precios Premium.
- Es un indicador de legitimidad.
- Ayuda a construir la confianza.

Lleva al éxito.

A partir de lo explicado anteriormente, se puede observar que la reputación es un activo intangible que cobra gran valor por su difícil imitación y comercialización en el mercado (Pérez y Rodríguez Del Bosque, 2014). De aquí se desprende la necesidad de gestionarla de manera adecuada para poder generar lo que Doorley y Garcia llaman un 'capital reputacional', pues afirman que: "así como las personas desarrollan un capital social que los ayuda a construir relaciones y carreras, las corporaciones y otras organizaciones desarrollan capital reputacional que les ayuda a construir relaciones y al crecimiento de sus organizaciones" (2007 p. 4).

Vargas y Ortiz (2014) definen al capital reputacional como:

> Una herramienta muy valiosa que desarrolla la empresa a través del tiempo y permite tomar decisiones respecto a qué productos comprar, dónde invertir y dónde trabajar. De esta manera, el valor estratégico de una reputación caracteriza a la empresa haciéndola atractiva o no y ampliando las opciones no solo para sus directores, sino para el público consumidor en general. (p. 17)

La reputación y el capital reputacional son distintos. Al hablar de 'capital reputacional', nos referimos a los 'frutos' cosechados por la buena gestión de nuestra reputación corporativa. Argenti (2009), afirma que una empresa con buena reputación tiene más facilidad de salir victorioso de una crisis, mientras que cuando una compañía tiene mala reputación suele ser sometida a un escrutinio más riguroso por parte de sus públicos lo que agrega una complicación o una adversidad más a las que de por sí se tiene que enfrentar.

En el estudio *The State of Corporate Reputation in 2020: Everything Matters Now* realizado conjuntamente Weber Shandwick y KRC Research (2020), Gaines-Ross señala que la disciplina de la reputación corporativa se encuentra en tierra firme rumbo a la siguiente década, y que su investigación demuestra que la reputación es un activo competitivo en un mundo marcado por la incertidumbre, retos de negocio difíciles de manejar, una transformación digital a velocidad luz y una brutal guerra de talento. Cultivar y mantener una reputación fuerte, tanto interna, como externamente, debe ser una de las prioridades para los líderes de negocio de estos tiempos.

3.2. LOS ESTUDIOS ACADÉMICOS RELACIONADOS A LA REPUTACIÓN

Desde 1986 que aparece la obra de Charles Fombrum, la producción científica relacionada a la reputación corporativa ha ido en aumento, tal como se muestra en la figura 2, presentada a continuación:

Figura 2. Comportamiento de la producción científica relacionada con la reputación corporativa

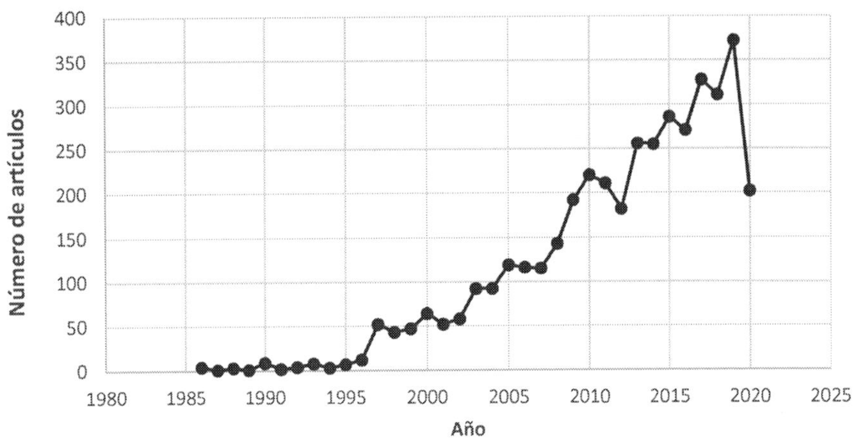

Fuente. Adaptado de Scopus 1986-2020.

De acuerdo con la base de datos Scopus, la mayoría de los trabajos se concentra en tres áreas específicas: Gestión de Negocios y Contabilidad, Ciencias Sociales, así como Economía, Econometría y Finanzas. Los autores con más producción son Charles Fombrun, T.C. Melewar y Cees van Riel. Sin embargo, Fombrun y Val Riel (1997) afirmaban que había una falta sistemática de atención a la reputación corporativa, lo que era comprobable con la diversidad de literatura académica y práctica que exploraban las diferentes facetas del constructo. A partir de lo anterior realizan un análisis de la evolución del concepto de reputación, desde un punto de vista académico y los separan en lo que ellos llaman seis ópticas o disciplinas, mismas que Chun (2005, p. 92) incluye en su estudio, y se presentan en la tabla 3.

Tabla 3. Ópticas de la reputación corporativa planteadas por Fombrun y Van Riel

Disciplina	Categorización de la reputación
Contabilidad	La reputación es vista como un activo intangible y uno al que se le puede, o se le debería dar valor financiero.
Economía	La reputación vista como características o señales. Percepción que tienen de la organización sus stakeholders externos.
Marketing	Vista desde la perspectiva del cliente o usuario final, que se concentra en la manera en la que se forma la reputación.
Comportamiento Organizacional	Vista como las experiencias de los públicos internos de la organización.
Sociología	Vista como una tarea agregada al desempeño de la compañía relativa a las expectativas y normas en el contexto institucional.
Estrategia	La reputación vista como un activo y barreras para el movimiento, pues como la reputación se basa en percepciones, son difíciles de manejar.

Fuente. Fombrun y van Riel en Chun (2005, p. 92).

Veh *et al.* (2019) hacen un estudio relacionado a la producción científica relacionada con la reputación corporativa en el campo de la gestión de negocios por ser la que concentra la mayoría de la producción. En dicho estudio se refieren a cómo las investigaciones consideran diferentes aspectos de la reputación: su identidad completa como organización, la fama y estima, sus características principales y atributos derivados de sus acciones pasadas. Igualmente se hace referencia a la importancia de la reputación en la práctica corporativa y a su valor como activo intangible, lo que contribuye a aumentar su ventaja competitiva a sus diferentes públicos de interés. En algunos casos se hace referencia también a los diferentes *rankings* que han aparecido para medir la reputación.

Ferruz (2017) confirma lo anterior cuando señala que:

> La reputación corporativa ha alcanzado en la última década un protagonismo que la ha llevado a ser objeto de numerosos estudios desde el ámbito académico y también desde el profesional. En lo que se refiere a su conceptualización hay distintos enfoques que estudian este intangible desde la comunicación y la teoría empresarial. (p. 130)

Pfister, Schwaiger y Morath (2020) mencionan que es en las últimas dos décadas en las que se ha explorado el valor de la reputación corporativa como activo intangible, convirtiéndose en el centro de atención de numerosos estudios que intentan demostrar su impacto en la medición del éxito financiero, con lo que se justifica la dedicación de recursos que han hecho diferentes empresas para la gestión de la misma. Ellos señalan además que la reputación se ha convertido en un indicador clave para la medición de la competitividad corporativa en una economía globalizada. Por último, señalan que, si bien se ha documento de manera extensa el efecto de la reputación sobre el comportamiento de los *stakeholders*, así como en las ganancias directas de la organización y su precio accionario, es poca la evidencia de que se ha generado sobre la función que tiene para servir en la mitigación de riesgos ante una crisis.

Carroll y Olegario (2020) hacen una investigación con un enfoque más orientado a la responsabilidad ética que tienen las empresas y a la rendición de cuentas. En ese estudio hacen énfasis también en cómo la reputación es un mecanismo para mantener a las empresas honestas, principalmente debido a las expectativas que los *stakeholders* tienen sobre el comportamiento futuro de una entidad. Para lo anterior se basan en las percepciones de su comportamiento pasado, poniendo como ejemplo el comentario hecho alguna vez por el magnate de los negocios Warren Buffet, que señalaba "Toma veinte años construir una reputación y cinco minutos para arruinarla. Si piensas en eso, seguramente harás las cosas de manera diferente" (p. 173).

Ferruz (2020) habla del concepto de reputación corporativa y afirma que:

> Tanto en la literatura académica como en el día a día de la actividad de las organizaciones, se relaciona con el propósito corporativo, con el incremento del rendimiento financiero, la mejora de las ventas, y de la acción comercial, la diferenciación frente a la competencia, la atracción y retención del talento, la elección de mejores proveedores, la reducción de gastos de operación, la consecución de más altas metas, la seducción de mayores inversores, etc. Estos y otros son ámbitos en los que tiene presencia la reputación, así como los beneficios aparentes de su gestión en las organizaciones. Dada su 'omnipresencia', se entiende que sea un concepto muy utilizado y de interés para la gestión empresarial en la actualidad. (p. 2)

Por último, Chun (2005) Identifica tres escuelas de pensamiento en lo que ella llama 'paradigma de la reputación' que es una manera de agrupar diferentes enfoques o aproximaciones hacia algún campo de estudio. Las tres escuelas identificadas son: la evaluativa, la de impresión y la relacional. La manera en la que cada escuela aborda el tema de la reputación corporativa puede observarse con más detalle en la tabla 4. Las diferencias entre ellas parten de los *stakeholders* en los que ponen el foco, y no tanto en su sustento epistemológico.

Tabla 4. Escuelas de pensamiento relacionadas con el 'paradigma de la reputación'

Aproximación	Audiencias clave	Enfoque principal	Autores
La Escuela Evaluativa: Reputación como evaluación del desempeño financiero de la organización	Un solo *stakeholder* (Inversionista o Directivo)	Comportamiento de los inversionistas	Fryxell & Wang
		Ranking basado en las opiniones entre pares de los CEO's	Estudios anuales de la revista Fortune
		Inversionistas	Srivastava *et al.*
		Relacionar la reputación al desempeño financiero/estratégico	Fombrun & Shanley; Weigelt & Camerer

Aproximación	Audiencias clave		Enfoque principal	Autores
La Escuela de Impresión: La reputación vista como la impresión general de la organización	Principalmente el punto de vista de un solo *stakeholder*	Marketing	Imagen/Identidad Corporativa	Abratt; Bromley; Balmer; Brown *et al.*; Dowling
			Relacionar la reputación a las intenciones de compradores	Yoon *et al.*
			Punto de vista de los compradores e imagen de los vendedores	Weiss *et al.*
		Comportamiento Organizacional	Relacionar la reputación al punto de vista de los empleados	Dutton *et al.*; Dutton & Dukerich
			Percepción de la gerencia hacia la imagen y la identidad	Gioia & Thomas
		Medios de comunicación	Relacionar la reputación a la covertura favorable de los medios de comunicación	Deephouse
La Escuela Relacional: La reputación desde las diferencias entre los puntos de vista de los stakeholders internos y externos	Comparación del punto de vista de múltiples stakeholders (principalmente el punto de vista de los internos vs los externos)		En general, múltiples stakeholders	Fombrun; Post & Griffin
			Relacionar la percepción inerna (identidad) y la externa (imagen) que se tiene de la reputación	Hatch & Schultz; Davies & Chun; Chun; Davies
			Relacionar reputación (percepción externa) e identidad (percepción interna)	Fiol & Kovoor-Misra

Fuente. Chun (2005, p. 94).

3.3. LA 'ECONOMÍA DE LA REPUTACIÓN'

"La reputación es claramente un activo cuantificable y probado generador de bienestar" (Gaines-Ross, 2008, p. 7), Fombrum y Van Riel en Carreras *et al.* (2013) señalan que las crisis que se han presentado han acelerado la incorporación de la reputación a la agenda de la alta dirección, pues hicieron ver a los empresarios que una reputación mal gestionada, puede poner en serios riesgos, la continuidad empresarial.

Charles J. Fombrun en Llorente y Cuenca (2014), Fertik y Thompson (2015), así como Carreras *et al.* (2013) hacen referencia a un momento particular que se vive en la actualidad y al que han denominado 'Economía de la Reputación'. "Se trata de un nuevo contexto en el que cambia el rol de la empresa y la relación de poderes tradicionales; implica entender que el poder hoy está en manos de los grupos de interés —opinión pública, clientes, empleados, reguladores, accionistas, proveedores, etc." (Carreras *et al.*, 2013, p. 28).

Estos autores se refieren a un escenario en que la toma de decisiones para comprar, invertir e incluso emplearse dependen en mayor medida del prestigio o buena reputación que las empresas tengan entre sus *stakeholders* o públicos de interés. Gaines-Ross (2008), por su parte señala que:

> Las buenas reputaciones hacen más que incrementar el capital y atraer al mejor talento. Las compañías admiradas generan ventas adicionales de los clientes leales, atraen socios estratégicos de negocio, aseguran al público que las compañías se comportarán de manera ética, reducirán el impacto ante las problemáticas que se presenten y, en algunas ocasiones, podrán tener precios premium en sus productos (p. 7)

Fombrun (2018) opina que los avances tecnológicos son los que han promovido la aparición de este entorno. Señala también que la conectividad global permite que cualquiera sea rápidamente informado o desinformado, guiado o desorientado, movilizado o separado ya sea de manera intencional o sin intención por otro. Y como ejemplo da cuenta de algunos movimientos populares y revolucionarios como la llamada 'Primavera Árabe'. Todo lo anterior acaba siendo la realidad diaria de políticos, ejecutivos, ciudades y países.

Casos como los de Volkswagen, Boeing y Samsung, se han convertido en un claro ejemplo de lo anterior y como su lucha ya no está tanto en el campo de lo económico, sino de recuperar la confianza de inversionistas, clientes, empleados y proveedores. La reputación se ha vuelto en los últimos años un tema trascendente (Burke 2011). Lo anterior debido a la evidencia de una relación favorable entre reputación corporativa y varios beneficios tanto tangibles, como intangibles, así como el alto perfil de los escándalos corporativos que hemos presenciado y la pobre opinión que la gente suele tener de algunas corporaciones.

El concepto de 'Economía de la Reputación' emerge a partir de que se entiende más allá de un contexto momentáneo relacionado únicamente con las crisis y se le ve con la relevancia que tiene hacia el futuro. Se trata de un concepto acuñado en la décimo quinta edición de la *Conference on Corporate Reputation, Brand, Identity and Competitiveness* de Río de Janeiro en 2011. En este evento se presentó como una idea que pretendía ofrecer a líderes empresariales alternativas para reformar el sistema de economía de mercado que llevó al mundo a una de sus peores crisis económicas en 2008 (LLYC, 2013).

3.4. MEDIR LA REPUTACIÓN CORPORATIVA

Como ha quedado explicado, la reputación forma parte de los activos intangibles relacionados con la comunicación. Su adecuada gestión, así como la medición de sus resultados, dependerá entonces, aunque pueda sonar obvio, de una adecuada estrategia de comunicación, pues como lo señala el Instituto de Análisis de Intangibles (2007), al hablar de intangibles, nos referimos a "bienes activos que necesitan para su desarrollo la dinámica de la comunicación, esta los crea o los destruye, en todo caso les dota de vida y de proyección e introduce en la vida de la empresa un impulso movilizador" (p. 4). Sin embargo, al tratarse precisamente de intangibles, medirlos puede resultar complejo, tal como lo señala Van Riel (2012, pp. 282-283):

Las empresas inteligentes utilizan hoy en día los resultados de la investigación cuantitativa como denominadores de éxito o fracaso de la comunicación. Sin embargo, es difícil seleccionar los indicadores cuantitativos que sean capaces de valorar de manera adecuada la actividad más cualitativa del departamento. Esto es especialmente cierto a medida que las organizaciones crean visiones y misiones poco definidas con objetivos poco concretos que tienen que ser respaldados por la comunicación.

Van Riel (2012) ofrece algunos ejemplos de indicadores claves de rendimiento (KPI), que pudieran considerarse para medir el impacto de los intangibles, convertidos en estrategias de comunicación, tomando en cuenta los principales grupos de interés. La tabla 5 indica dichos ejemplos:

Tabla 5. Indicadores Clave de Rendimiento (KPI) por grupo de interés

Grupo de Interés	Indicadores clave de rendimiento
Mercado de trabajo	Atracción y retención de empleados clave
Inversores	Atracción y retención de grupos de interés
Reguladores	Miembro reconocido por la sociedad
Empleados	Comportamiento de apoyo en línea con la estrategia
Clientes	Intención de comprar y cuota de mercado
Medios de Comunicación	Artículos basados en hechos positivos

Fuente. Van Riel (2012, p. 271).

Al referirnos específicamente a la reputación corporativa, su gestión parte precisamente de que podamos medirla (Sanna, 2013). Lazcano (citado en Orozco-Toro y Ferré-Pavia, 2017, p. 233) señala que "los recursos y actividades intangibles han de poder ser representados por una serie de indicadores que hagan posible su medición y comparabilidad". Villafañe, por su parte habla de que "la reputación corporativa no solo se puede evaluar y es mesurable, sino que también se puede verificar a través de hechos sólidos que permiten su contraste con los de otras organizaciones" (2004, p. 32).

Cole (2012) señala, por su parte, que uno de los activos intangibles más familiares, pero menos entendidos, es la reputación de una empresa, y explica:

> Desde hace mucho, la combinación de un entendimiento limitado y la falta de herramientas para medirla, ha resultado en una especie de actitud esquizofrénica hacia ella. Los inversionistas concuerdan que la reputación de una compañía tiene un real, y en ocasiones, muy considerable influencia en su valor, pero les ha resultado difícil determinar cuánto. (pp. 47-48)

"Las posiciones más significativas de investigadores proponen la utilización de métodos cualitativos y cuantitativos para evaluar la reputación" (Orozco-Toro y Ferré-Pavia, 2017, p. 234). Carrió, citada por Orozco-Toro y Ferré-Pavia considera que los métodos que evalúan las opiniones de todos los públicos de interés o *stakeholders*, "aportan una información integral del estado de la reputación de una organización permitiendo alinear de manera efectiva los parámetros de la reputación a nivel de cada público en particular (2017, p. 234).

Con el fin de establecer parámetros que permitan generar mejores maneras de gestionar la reputación, diferentes organizaciones han desarrollado metodologías que permiten tener tableros de control que sirven para orientar las acciones de la dirección general que resulten en una excelente reputación. Orozco-Toro y Ferré-Pavia, (2017), afirman:

> En el ámbito empresarial existen diversos modelos de evaluación de la RC. En el mundo, los modelos más reconocidos son el WMCA de la Revista Fortune, el Reputation Quotient de Harris Interactive y el RepTrak del Reputation Institute. En España y algunos países de América Latina también se utiliza el MERCO de Villafañe y Asociados. (pp. 235-236)

A continuación, se expone una descripción de las métricas recién citadas. Esto permitirá conocer qué variables considera cada uno de estos métodos que conforman la reputación corporativa. En aquellos casos donde además se elabora un *ranking*, se podrá averiguar su metodología y, por lo tanto, los aspectos a tener en cuenta para evaluarla.

3.4.1. EL ÍNDICE WORLD'S MOST ADMIRED COMPANIES

El índice *World's Most Admired Companies* (WMCA) es editado anualmente por la revista Fortune en alianza con la firma Korn Ferry. Dichas firmas se encargan de levantar una encuesta sobre reputación corporativa entre un universo de alrededor de 1,500 candidatos. 1,000 se aplican a las compañías más grandes de los Estados Unidos, ordenadas por nivel de ingresos, y las otras 500, a empresas que forman parte del Fortune's Global 500 y que han tenido ingresos superiores a los 10 mil millones de dólares. La muestra posteriormente se reduce a considerar las empresas con mejores ingresos en las diferentes industrias, un total de 680 empresas de 52 industrias distintas en 30 países.

Para determinar a las 50 empresas más importantes del *ranking*, Korn Ferry pide a los ejecutivos de alto nivel y analistas, valoren las empresas de su propia industria basándose en nueve criterios:

1. Valor de las inversiones a largo plazo.
2. Solvencia financiera.
3. Uso correcto de los activos corporativos.
4. Calidad de la gestión.
5. Calidad de productos y servicios.
6. Innovación.
7. Habilidad para atraer talento.
8. Responsabilidad social.
9. En el caso de firmas internacionales, la capacidad para hacer negocios a escala global.

Posteriormente, Korn Ferry encuesta a 3,750 ejecutivos, directores y analistas de seguridad que han respondido la encuesta por industria, y les pide que seleccionen las 10 compañías que admiren más. Cualquiera puede votar por cualquier compañía sin importar la industria (Fortune, s.f).

Carreras *et al.* (2013) mencionan que, desde una óptica metodológica, la métrica resulta realmente simple, lo que ha despertados alguna polémica, pero reconocen en esto, dos ventajas:

Por un lado, las críticas han contribuido a desarrollar este campo promoviendo el interés por clarificar el concepto de reputación, la construcción de nuevas escalas y la aparición de modelos causales capaces de gestionarla; por el otro, su fragilidad metodológica ha facilitado su éxito periodístico. (p. 352)

Otra de las críticas que recibe este índice, es que no se basa en fundamentos teóricos, y que no es una herramienta que permita mejorar la reputación de las organizaciones, pues no evalúa toda la cadena de valor (Davies *et al.*, 2001). Doorley y García (2007), critican, por su parte, que las encuestas son solamente a tres *stakeholders*, altos ejecutivos, miembros del consejo y analistas de seguridad, y que, para poder tener una aproximación más real, tendrían que tomarse en cuenta las opiniones de grupos de interés como empleados, clientes y a la prensa. En este último punto coincide Mahon y Wartwick (2012) al señalar que la percepción de un solo *stakeholder* no arroja información representativa, situación que suscriben Barchiesi y La Bella (2014) cuando se refieren a que el punto de vista del CEO o de los analistas financieros:

> Es solamente una parte de la reputación de la compañía, porque el 'concepto completo' debe reflejar lo que todos los *stakeholders* clave piensan y sienten sobre ella. Sin embargo, la reputación se basa en la acumulación y en la manera en que los *stakeholders* comparten historias y experiencias sobre la compañía. (p. 162)

3.4.2. EL REPUTATION QUOTIENT

Fueron Fombrun, Gardberg y Server, quienes desarrollaron la escala *Reputation Quotient* (RQ), enfocándose en medir la reputación en grupos de interés de distintas empresas localizadas en Estados Unidos, Europa, Australia, Latinoamérica y Sudáfrica (Carreras *et al.* 2013). Sin embargo, actualmente solo mide la reputación de las compañías más visibles de los Estados Unidos.

Gardberg y Fombrunm (2002), así como Carreras *et al.* (2013), da cuenta de que, en una primera etapa del modelo, se identificaron algunas carencias en el mismo derivadas principalmente del sesgo financiero generado en el segmento de directivos y analistas financieros, por lo que se realizó una investigación cualitativa en cuatro grupos de discusión: directivos de empresas, personas que viajaban en líneas aéreas, consumidores de productos de cómputo y candidatos a MBA del área de Nueva York. Con esa información se desarrolló una lista de 32 ítems divididos en ocho categorías para posteriormente, en una segunda etapa, se valida esa escala hasta quedar reducida a seis categorías: atractivo emocional, productos y servicios, visión y liderazgo, entorno de trabajo, responsabilidad social y con el entorno, así como el rendimiento financiero.

El *Reputation Quotient*, elaborado por la consultora Harris Interactive, y también conocido como The Axios Harris Poll o The Harris *Reputation Quotient*, clasifica la reputación de las compañías mediante una entrevista a cerca de 18,228 habitantes de ese país, lo cual representa una muestra nacional. Se trata de una medición de lo que la gente piensa en ese momento acerca de las compañías. Abraham *et al.* (2008) y Martínez y Olmedo (2009), señalan que la medición se da en múltiples sectores y en dos fases:

1. Nominación: la gente menciona empresas por razones positivas o negativas, es decir, se trata de conocer la visibilidad de algunas organizaciones.
2. Valoración: se evalúa a las empresas señaladas con base en 20 puntos específicos de cada una de las seis dimensiones planteadas por este índice.

La encuesta está dirigida a público en general y no se aplica necesariamente a clientes, empleados o, en general, públicos de interés de las compañías.

Aunque constituyó uno de los primeros índices para medir la reputación, el RQ no ha estado exento de críticas. Orozco-Toro y Ferré Pavia (2017, p. 237) comentan que "en relación con el *Reputation Quotient* (RQ), los detractores asumen que el modelo utiliza exclusivamente criterios cualitativos con una medida simple de atributos".

Cuarana (2008), por su parte, señala que la operación del *Reputation Quotient* está aterrizado de manera incorrecta en teoría y es difícil ver cómo la definición utilizada ha servido de guía en el desarrollo del instrumento. Abraham *et al.* (2008) demuestran en su estudio que aparecer en el RQ no representa un cambio significativo para las empresas en lo relativo a movimientos en su valor accionario. Deducen que esto se debe a que quienes invierten en estas empresas ya están al tanto de la reputación de dichas compañías, por lo que no hay influencia derivadas de las opiniones de las personas a quienes se encuesta para este estudio.

Otros autores como Schwaiger (Carreras *et al.*, 2013) plantean que la escala confunde planos explicativos y antecedentes, con planos consecuentes como la atracción emocional, siendo esta una causa por la cual existen dificultades para interpretar resultados. Como conclusión de su análisis, Carreras *et al.* (2013) señalan que:

> La estructura de los componentes cognitivos solo fue esbozada por un análisis factorial exploratorio, pero no fue corroborada mediante un análisis factorial confirmatorio, con muestra independiente, con lo que la validez convergente y discriminante no pudo ser suficientemente establecida. Estas carencias llevaron a su reformulación en el RepTrak. (p. 374)

3.4.3. EL REPTRAK

El Reputation Institute nace en 1999. Su lanzamiento tiene que ver con la reunión que tuvieron en 1995 el Dr. Charles Fombrum y el Dr. Cees Van Riel, reconocidos expertos en el tema de la Comunicación Corporativa, quienes compartían un interés común en cómo esta, es fundamental en la construcción y protección de la reputación. En el año 2003, se unen a los académicos, los empresarios Nicolas Trad y Kasper Ulf Nielsen, cuyo perfil emprendedor genera la expansión de las actividades del Reputation Institute, a un ámbito global, convirtiéndolo de una iniciativa meramente académica, a un negocio tecnológico de avanzada.

En el año 2005 surge el sistema RepTrak como la más grande base de datos para la medición de la reputación corporativa a nivel mundial. El RepTrak fue creado por Charles Fombrun con el apoyo del Reputation Institute y "permite a las empresas conocer cuál es su reputación corporativa, aportando la posibilidad de elaborar estrategias empresariales que permitan modificar la imagen o reputación que tienen los grupos de interés de la empresa" (Pallarés Renau y López Font, 2017, p. 196). Se trata de un sistema de inteligencia reputacional que genera información cuantificable y útil sobre las razones por las cuales, una empresa se ha ganado la reputación que tiene y cómo mejorarla ante sus públicos de interés.

La metodología utilizada por el RepTrak consiste en el empleo de cuestionarios a consumidores del país en el que se aplica el estudio o de diferentes países en el caso del estudio global. Este sistema estructura el fenómeno reputación en siete dimensiones obtenidas de un análisis documental, así como entrevistas a profundidad realizadas a directivos, así como *focus groups* entre el público. Alloza y Martínez (citados en Pallarés Renau y López Font, 2017) señalan que durante esos ejercicios se obtuvo una lista exhaustiva de ítems relacionados con la reputación, derivando después de un análisis factorial exploratorio, en la escala RepTrak, con 21 atributos agrupados en siete dimensiones: oferta, finanzas, innovación, liderazgo trabajo, integridad, y ciudadanía. El modelo RepTrak pretende evaluar un aspecto emocional basado en una buena impresión, en la estima, la confianza y la admiración, para luego llevarlas a un aspecto racional con cada una de las siete dimensiones ya señaladas. (Marcas Renombradas) Lo anterior queda ilustrado en la figura 3.

Figura 3. Los factores clave de la reputación

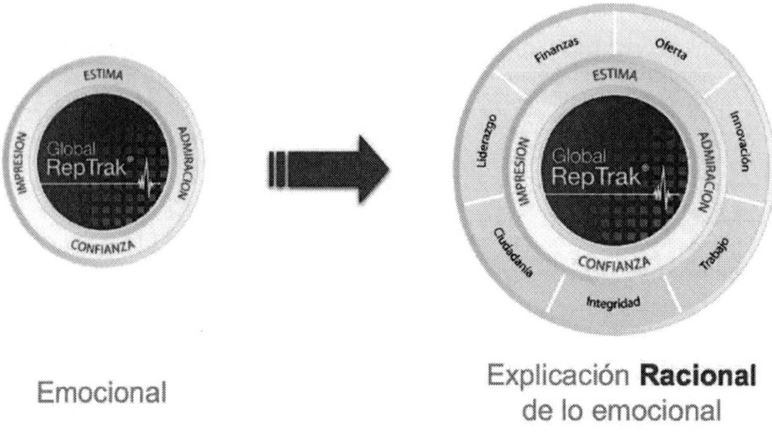

Emocional

Explicación **Racional** de lo emocional

Fuente. Adaptado Marcas Renombradas (https://www.marcasrenombradas.com/wp-content/uploads/2013/11/2013_RepTrak_Pulse_Espana.pdf)

Carreras *et al.* (2013) afirman que la ventaja que ofrecen estudios como el RepTrak, es que permiten medir evoluciones, tendencias y efectos que producen las crisis reputacionales o de mercado. Esta evaluación, sumada a las expectativas de los grupos de interés, están en constante movimiento y cambian con el tiempo o las condiciones sociales. Confirman además que "por ello no se puede medir la reputación realizando exclusivamente una encuesta al año (como lo propone el RQ), sino que es preciso realizar entrevistas de forma continua, todos los meses del año" (p. 376).

Por último, Ponzi, Fombrun y Gardberg (2011) concluyen que el RepTrak, puede ser incorporado con otras mediciones de interés. Se puede estandarizar interculturalmente y sirve para desechar datos de percepción obtenidos de grandes muestras de participantes. Puede utilizarse tanto con técnicas tradicionales, como en línea, de levantamiento de encuestas. Por último, puede usarse para distinguir entre el constructo de la reputación corporativa y sus motivadores.

Sin embargo, Carrió citada por Pallarés Renau y López Font (2017) hace una crítica al índice RepTrak al señalar que:

> Dado que los atributos individuales y las dimensiones significan cosas diferentes para los diferentes *stakeholders* y se perciben de forma diferente en términos de importancia ponderada, el modelo puede determinar qué atributos y dimensiones son claves en la construcción de la reputación del grupo en cuestión, siempre y cuando se aplique la encuesta a una muestra representativa de un grupo de *stakeholders* concreto. (p. 215)

3.4.4. EL ÍNDICE MERCO

Por su parte, el Monitor Empresarial de Reputación Corporativa, MERCO, comenzó a elaborarse en 2001 (Villafañe, 2013), para evaluar la reputación corporativa de las empresas que tienen su base de operaciones en España. Al igual que en el caso del Reputation Institute, MERCO tiene un origen académico, y es el resultado de una investigación que se dio como parte de la cátedra del profesor Justo Villafañe en la Universidad Complutense de Madrid. "La finalidad del proyecto fue crear una medida lo más fiable y objetiva posible sobre el reconocimiento del comportamiento corporativo excelente" (Carreras *et al.*, 2013, p. 361). Su método se basa en una triangulación metodológica en la que se combinan los resultados que se obtuvieron en encuestas de evaluación aplicadas a diferentes *stakeholders*, con auditorías de especialistas sobre méritos objetivos de empresas (Pallarés Renau y López Font, 2017).

MERCO tiene diferentes *rankings*:

- MERCO Empresas que valora la reputación corporativa
- MERCO Líderes, para valorar a los líderes empresariales.
- MERCO Marcas Financieras, que está orientado a la valoración de empresas de ese ámbito.
- MERCO Consumo, en el que se mide la reputación desde el punto de vista de los consumidores.
- MERCO Talento, en la que se valora a las empresas en su calidad de empleadoras.

MERCO Empresas también ha trascendido a un ámbito internacional, aunque, a diferencia del RepTrak, se ha quedado básicamente en Iberoamérica, en países como Colombia, Argentina, Chile, Ecuador, Perú, México, Brasil, Bolivia y Costa Rica. Actualmente están anunciando el próximo lanzamiento del *ranking* MERCO para Italia y Paraguay.

MERCO divide su estudio en grupos de expertos y cada uno de estos grupos evalúa diferentes dimensiones, a saber:

a) Analistas financieros: resultados económico-financieros.
b) ONG: ética y responsabilidad corporativa.
c) Asociaciones de consumidores: calidad de la oferta comercial.
d) Sindicatos: reputación interna.
e) Periodistas económicos: ética y responsabilidad corporativa.
f) Catedráticos de empresa y profesores de universidad especializados en el área de empresa: dirección y gestión.
g) *Social media managers*: comunicación digital.
h) Gobierno: ética y contribución al país.

Después de su análisis sobre el índice MERCO, Carreras *et al.* (2013) afirman que se trata de una métrica que busca obtener una representación los más completa posible del reconocimiento que tienen las empresas en el contexto social. Este índice busca superar las carencias que tienen los *rankings* publicados en medios, pero consideran que la métrica resultante "sigue otorgando un papel predominante a las evaluaciones de los directivos tanto en el inicio, en la selección de empresas que formarán el *ranking* provisional, como en la fase de ponderación final" (p. 366). Por su parte Carrió citada por Pallarés Renau y López Font (2017):

> Nos encontramos con un peso excesivo de los atributos vinculados a la 'competencia', de las empresas a la hora de desarrollar sus actividades en detrimento de los atributos afectivos vinculados a la simpatía o identificación que genera la organización entre sus *stakeholders*. Consecuentemente el rendimiento de la empresa tiene un peso preponderante en el *ranking*. (p. 214)

Por último, Pallarés Renau y López Font (2017) señalan que la crítica hacia MERCO se centra en que se les da mucho peso a los directivos, habiendo notoria ausencia de públicos como los agentes reguladores o proveedores, que en ciertos sectores tienen mucha representatividad. Igualmente, se cuestiona si es suficiente que los únicos representantes de los medios de comunicación sean periodistas económicos, o que sean las asociaciones de consumidores y sindicatos los que aporten información en las valoraciones de clientes y trabajadores.

Como se ha podido revisar, a pesar de las críticas que se le podría hacer a cada uno, estos índices han logrado hacer aportaciones necesarias para establecer factores que permitan medir la reputación de las empresas. A continuación, se presentará un comparativo de las dimensiones de la reputación que mide cada uno de los estudios, de manera que pueda hacerse un análisis de los puntos de concordancia y diferencias entre cada uno.

3.4.5. COMPARACIÓN ENTRE LOS ÍNDICES

La tabla 6 ilustra las características de cada índice, con lo que podemos tener un punto de comparación más claro entre los cuatro:

Tabla 6. Análisis comparativo entre cada índice

	WMAC	RQ	RepTrak	Merco
Objetivos del Estudio	Identificación de: 1. Empresas más admiradas y con éxito en el mundo y EEUU. 2. Empresas con reputación excelente. 3. Características de las empresas con reputación excelente. 4. Características no presentes en las empresas con reputación excelente: – Responsabilidad social. – Preocupación por medio ambiente. – Sostenibilidad	1. Detección de las empresas que más se respetan y razones. 2. Detección de las empresas que generan más valor a los accionistas. 3. Detección de las empresas locales más integras. 4. Detección de las empresas que se distinguen por su gobierno corporativo. 5. Detección de las empresas comprometidas con la responsabilidad social corporativa.	1. Destacar la importancia de la reputación corporativa. 2. Desarrollo de un instrumento de medida: Cociente de Reputación. 3. Facilitar la gestión de la reputación.	1. Detección de las 100 empresas españolas con mejor reputación corporativa y razones. 2. Detección de las 100 empresas españolas con mejor reputación corporativa de cada sector español. 3. Identificar los 100 líderes con mejor reputación corporativa de España. 4. Conocer los líderes y directivos más reputados por sector. 5. Detectar los meritos reales de cada una de las compañías que aparecen en el ranking. 6. Evitar confundir notoriedad e imagen con reputación.
Atributos/ Dimensiones	1. Calidad de dirección. 2. Calidad de los productos. 3. Grado de innovación. 4. Valor de las inversiones a largo plazo. 5. Solidez financiera. 6. Habilidad para atraer y retener al personal. 7. Responsabilidad social. 8. Utilización inteligente de los activos.	1. Respeto. 2. Creación de valor. 3. Integridad. 4. Gobierno corporativo. 5. Responsabilidad social corporativa.	1. Visión y estrategia. 2. Entorno de trabajo y organización. 3. Ética y responsabilidad social. 4. Liderazgo y dirección. 5. Identidad y marca. 6. Desempeño financiero. 7. Productos y servicios. 8. Atractivo emocional.	1. Resultados económico financieros. 2. Calidad del producto o servicio. 3. Cultura corporativa y calidad laboral. 4. Ética y responsabilidad social. 5. Dimensión global y presencia internacional. 6. I+D+i.

	WMAC	RQ	RepTrak	Merco
Metodología	Población: 64 sectores con ingresos mínimos de 8.000 millones de $. Encuestados: alrededor de 10.000 directivos y ejecutivos senior, junto con analistas financieros.	Población: 1000 directivos. Población de contraste: – 100 gestores de fondos de inversión. – 90 comentaristas de medios de comunicación y responsables de ONG's. Localización: 60 países.	Población: Instituciones académicas y empresas de distintos sectores de 24 países americanos, europeos, africanos y asiáticos(*). Metodología: encuestas a grupos de interés, encuentros, conferencias periódicas, proyectos conjuntos, publicaciones, foros de expertos, y análisis de los contenidos de los medios de comunicación.	Población: directivos de empresas que facturan más de 45 millones de euros. Localización: España. Población de contraste: comité de expertos formado por: – Instituto Español de Analistas Financieros (IEAF) – Responsables de sindicatos, ONG's, y asociaciones de consumidores.
Características de una buena empresa	– Marcan y cumplen objetivos. – Diseñan estrategias según objetivos. – Buen diseño organizativo. – Estilo de dirección que fomenta el diálogo, creatividad y aprendizaje. – Crean valor.	– Crean valor. – Alta integridad. – Consistentes en sus actuaciones. – Coherentes con los distintos grupos de interés. – Desarrollan la cultura empresarial.	En función de cada sector y/o tipo de empresa.	– Elevada rentabilidad y beneficio contable. – Creación de valor en productos y servicios. – Desarrollada cultura empresarial. – Renovación de productos y nuevos canales.

Fuente. Martínez León y Olmedo Cifuentes (2009, pp. 130-131).

3.4.6. CONCLUSIONES RELACIONADAS CON LOS ÍNDICES DE MEDICIÓN

Dado que no es el objetivo de este manual analizar las cuestiones metodológicas de los índices, simplemente se realizó un análisis comparativo de los atributos o dimensiones que contemplan los cuatro. Como se puede observar en la tabla anterior, independientemente de los objetivos perseguidos por dichos índices y la metodología que cada uno de ellos utilice para conseguir la información que buscan, todos los índices hacen énfasis en los siguientes puntos:

1. Que las organizaciones presenten un desempeño financiero adecuado y que los resultados que entreguen, sean los esperados por los grupos de interés correspondientes.
2. Que su oferta de productos o servicios cumpla con las expectativas de todos los grupos de interés, tanto en calidad, como en variedad y accesibilidad.

3. Que sean empresas capaces de adaptarse a entornos en constante cambio, a través de estrategias de innovación que le permitan mantenerse actualizados tanto en sus estrategias de negocios, como en su portafolio de productos y servicios
4. Que sean ejemplo de comportamiento ético y fortaleza de gobierno corporativo, de manera que se mantengan alejadas de los escándalos de corrupción y malas prácticas que han salpicado a varias empresas.
5. Que sean ciudadanos corporativos modelo, marcando una diferencia positiva en la comunidad y el entorno en el que se desarrolla el negocio.
6. Que sean empresas reconocidas por su liderazgo y estén posicionadas en la mente de los grupos de interés como organizaciones que son un ejemplo a seguir.
7. Que sean excelentes lugares para trabajar. Que se preocupen por el desarrollo del talento que labora para ellas y que velen por los intereses de las personas, no por un mantenimiento del 'recurso humano'.

Como podemos observar, estas variables son clave en la gestión de la reputación corporativa y constituyen los conocimientos y competencias necesarias que cualquier ejecutivo de alto nivel en una organización de tener en relación con la reputación.

Al analizar las dimensiones anteriormente señaladas se puede observar que todas están ligadas a la práctica empresarial tradicional y esto tiene relación con lo que plantea Carroll (2013) en el sentido de que los estudios iniciales que realizaron investigadores como Fombrun, Shanley y Van Riel, analizaban a la reputación corporativa en dimensiones que abarcaban la economía, la dirección estratégica, la mercadotecnia, el comportamiento organizacional, la sociología y la contabilidad. No fue hasta 1997 que Van Riel argumentó "que la comunicación corporativa, que para entonces era vista como un campo emergente, debería ser responsable de la reputación corporativa como uno de sus deberes" (Carroll, 2013 p. 2). Por este motivo, conviene observar con detenimiento que el reporte MERCO es el único índice que considera, (lo cual lo hace distinto al resto), a la comunicación corporativa. como una dimensión de la reputación.

Como se ha explicado, la comunicación juega un papel relevante en la estrategia de gestión reputacional y es por eso que a continuación se presentará una explicación más profunda de la relación entre comunicación y reputación.

3.5. REPUTACIÓN Y COMUNICACIÓN

Como se ha indicado anteriormente, reputación y comunicación corporativa constituyen un bloque inseparable por el efecto de la segunda en la primera. Las estrategias de comunicación en general, no solo las digitales, resultan fundamentales para lograr la construcción de la reputación, pues como como lo señala el Reputation Institute en el RepTrak 2013 (Marcas Renombradas) esta se construye de la siguiente manera:

1. Experiencias personales: relativas al producto, al servicio al cliente, a las inversiones y al empleo.
2. Comunicación de la empresa: *branding*, publicidad, relaciones públicas, otras acciones de marketing.
3. Perspectivas de terceros: medios de comunicación, internet, líderes de opinión y personas expertas, redes sociales personales.

Cees Van Riel sostiene que "una comunicación corporativa eficiente es fundamental para forjar el apoyo total de los grupos de interés y la alineación" (2012, p. 18). Y define la alineación como "una mutua relación de provecho entre una empresa y sus grupos de interés, que permite a la empresa cumplir sus objetivos y desarrollar su objeto" (2012, p. 17).

Villafañe (2013) opina de manera similar cuando señala que la comunicación, si bien no es en sí una parte de la reputación de una empresa, "es un proceso clave para la puesta en valor de la realidad corporativa porque facilita el reconocimiento de los grupos de interés por la satisfacción que tienen de sus expectativas con relación a la empresa" (p. 49).

Lo anterior coincide también con la afirmación de Mahesh Chandra Guru *et al.* (2013, p. 135) "En la era de la globalización, la comunicación corporativa adquiere una función con carácter de piedra angular, para cualquier organización que desea generarse un estatus en el mundo corporativo, así como entre sus *stakeholders*".

Es por lo anterior que Caldevilla, Barrientos y Fombona (2020, p. 2) afirman que "los gabinetes de comunicación son parte fundamental en las empresas". Watson y Kitchen (2008, p. 123), por su parte, señalan que en la reputación "nada ocurre por casualidad. Esta se relaciona con el liderazgo, la gestión, y las operaciones organizacionales, la calidad de los productos o servicios, y, crucialmente, las relaciones con los *stakeholders*. También se conecta con las actividades de comunicación y los mecanismos de retroalimentación". Por último, van Bekkum, Cornelissen y van Ruler (2008) afirman:

> La reputación de una corporación es tomada como un importante activo estratégico que crea una diferenciación entre competidores, así como la preferencia entre *stakeholders* internos y externos de la compañía. No es de sorprenderse, por tanto, que la gestión de la marca corporativa y de la comunicación corporativa, sean reconocidas como funciones importantes para construir y mantener reputaciones con los grupos de *stakeholders* importantes, de los cuales depende la organización. (p. 83)

De las afirmaciones anteriores se puede inferir la necesidad de cualquier empresa de sumar la estrategia de comunicación al resto de las estrategias corporativas. Doorley y García señalan que de manera de que puedan generar una buena reputación y lo sintetizan con la siguiente fórmula: "Reputación = desempeño + comportamiento + comunicación" (2007, p. 4).

Al hablar de comunicación corporativa los mismos Doorley y García (2007) la definen como la gestión centralizada de la comunicación por parte de la organización y consideran que la función es un contribuyente crítico para la reputación, y, por lo tanto, para su competitividad, productividad y éxito financiero. Joan Costa (citado en Celis y García, 2014) afirma que:

> La comunicación en las organizaciones ha trascendido de los medios y de su instrumentalización, hacia una visión estratégica que contribuye en las decisiones y acciones de la empresa en todas sus manifestaciones. Además, a través de ella se gestionan los activos tangibles que son esenciales para la generación de valor y la sostenibilidad de la organización. (p. 52)

A medida que la comunicación ha evolucionado, ha adquirido diferentes funciones que forman parte de la estrategia general de los departamentos de comunicación en las empresas. Autores como van Riel y Fombrun (2007), Argenti (2009), y Goodman y Hirsch (2012), coinciden en que las funciones que la comunicación cumple en las organizaciones moderna incluyen las siguientes actividades:

1. Relaciones con inversionistas.
2. Comunicación interna/Relaciones con empleados.
3. Relaciones con el gobierno/relaciones institucionales.
4. Publicidad corporativa.
5. Filantropía corporativa/Responsabilidad Social Corporativa/Ciudadanía Corporativa.
6. Relaciones públicas.
7. Relaciones con medios de comunicación.
8. Gestión de crisis y emergencias.
9. Responsabilidad social corporativa.
10. Gestión de la reputación.
11. Relaciones con la comunidad.
12. Comunicación de marketing.
13. *Branding* corporativo y construcción de imagen.

El Reporte 2019 sobre tendencias y prácticas que elabora el centro de investigaciones sobre comunicación corporativa, *Corporate Communication International* (2019), enumera todas las funciones señaladas anteriormente. Este reporte señala que las empresas que han formado parte de dicho estudio descargan en sus departamentos de comunicación responsabilidades que tienen que ver con la cultura corporativa, la gestión de la identidad y de la marca, tres activos intangibles que se suman al de la reputación como estratégicos para cualquier organización. Además, la gestión de la ética forma parte de los trabajos para el área de comunicación en 5.4 % de las empresas que formaron parte del estudio.

Bonime-Blanc (2016) señala al respecto:

> En los últimos años, el impacto masivo de comportamientos cuestionables, ilegales e incluso criminales en el sector financiero lo han colocado en el ojo mismo del huracán. De hecho, cada vez hay más profesionales dispuestos a evaluar específicamente el vínculo que existe entre los comportamientos éticos —o su ausencia— y la salud de la cultura corporativa con los resultados y el rendimiento económico de la organización. (p. 33)

La información presentada confirma la fuerte relación que existe entre la reputación y la comunicación corporativa. Lo anterior nos permite entender la razón por la que no podemos hablar de una empresa bien reputada en la que no existe una estrategia de comunicación orientada a que cada uno de los grupos de interés de la organización estén debidamente informados. Los resultados de una buena estrategia de comunicación pueden capitalizarse en el logro de una excelente reputación.

3.6. LA ALTA DIRECCIÓN EN LA GESTIÓN DE LA REPUTACIÓN

Durante el mes de febrero del año 2023, la firma internacional de consultoría de negocios KPMG lanzó los resultados de su décimo octava edición del estudio, 'Perspectivas de la Alta Dirección en México' (KPMG, 2023). Entre los resultados más relevantes, se señala que el 44 % de los 1,191 líderes encuestados opinan que 'proteger la reputación de la organización', es uno de los objetivos más importantes de la administración de riesgos, mientras que el 20% opina que el daño reputacional es uno de los riesgos que podrían ocasionar daños relevantes a la estrategia de la empresa. Por otra parte, la multinacional alemana Allianz, firma especializada en seguros y servicios financieros, en la edición 2020 de su reporte conocido como 'Allianz Risk Barometer', reporta que la pérdida de la reputación o valor de marca ocupa el octavo lugar de los diez principales riesgos para los negocios (Allianz, 2020), mientras que otra corporación multinacional, dedicada a la gestión de riesgos y proveeduría de seguros, AON, señalaba en su estudio 'Global Risk Survey 2021', que el daño a la reputación y a la marca, ocupaban el quinto lugar entre los 10 riesgos más importantes para las empresas, según los encuestados para dicho estudio (AON, 2021).

Lo anterior es una muestra de cómo la reputación se ha convertido en un activo estratégico para las empresas, pues como lo señalan Carreras *et al.* (2013, p. 23): "Negocios con buena reputación, demuestran una capacidad diferenciadora para atraer inversiones, retener clientes y empleados, a la vez que construyen mayores niveles de satisfacción y fidelidad hacia sus productos y marcas". Miralles *et al.* (2014, p. 18), por su parte, señalan que "También los inversores institucionales y gestores de carteras están cada vez más interesados por el impacto bursátil de la reputación corporativa y por saber si puede aumentar el valor de mercado de la compañía".

La reputación importa, y de acuerdo con un estudio elaborado para la firma Deloitte en 2015, 73 % de los ejecutivos encuestados consideraba al riesgo reputacional como una de las áreas de mayor vulnerabilidad, pero solamente el 39 % contaba con planes para sortear una crisis reputacional (2016, p. 2). El riesgo reputacional es "el impacto favorable o desfavorable, que un determinado suceso causa a la reputación de la empresa" (Bonime-Blanc, 2016, p. 39). El riesgo reputacional en el contexto corporativo, no se presenta por un evento repentino o aislado, sino por una serie de factores que tienen que ver con la planeación que los altos ejecutivos de la compañía tomaron en cuenta para prevenirse ante las crisis (Hoffman y Bonime-Blanc, 2017).

Cómo vemos a los liderazgos, tiene una gran influencia en cómo vemos a las organizaciones (Love, Lim y Bednar, 2017). Muchos de estos líderes adquieren el carácter de celebridades y se vuelve incluso complicado pensar en la organización, sin pensar en su líder emblemático, como Bill Gates en Microsoft, Jeff Bezos en Amazon, Steve Jobs en Apple o Mark Zuckerberg en Facebook. Kaplan *et al.* (2015, p. 104) hablan de que la reputación del CEO "contribuye de manera importante a la calidad de los estados financieros de la compañía". Mientras que Sohn y Lariscy (2012) hablan de que capitalizar la buena reputación del CEO, puede ayudar a librar problemas, como sucedió en el caso de Microsoft, cuya reputación fue manchada por acusaciones de violación a las leyes anti monopolios, pero pudo librarse de ellas explotando el carácter filantrópico de Bill Gates.

La reputación no es algo que dependa de la fortuna (Watson y Kitchen, 2008), tiene que ver con el liderazgo, la gestión y las operaciones organizacionales, la calidad de los productos y servicios, así como (y de una manera crucial), con sus relaciones con los diferentes públicos de interés. Un estudio realizado por Kitchen y Laurence (2003) en el que analizaban el concepto e implicaciones de la reputación corporativa en ocho distintos países, entre otras cosas, concluye lo siguiente:

1. La reputación corporativa se ha incrementado y ha incrementado su importancia de acuerdo con la percepción de los altos ejecutivos en más de 1000 negocios en ocho diferentes países del mundo.

2. La reputación corporativa y la reputación del CEO están cada vez más interconectadas. El CEO es, por definición, el responsable de la comunicación. Su habilidad para articular la visión y misión de la compañía es crucial. Más aún, los CEO pueden maximizar los valores sociales que ofrecen beneficios al crecimiento corporativo y el progreso.

3. La responsabilidad de manejar la reputación a nivel global, es de la alta gerencia. Liderada por el CEO, esta debe gestionarse de manera integrada por todas las direcciones del negocio. (pp. 115-116)

Lo anterior nos lleva a concluir que los directivos de las organizaciones deberían considerar a la gestión de la reputación como estratégica y, por lo tanto, estar capacitados para dicha labor. Sin embargo, como lo plantea Keilthy (2012), suele ocurrir que los altos directivos de las organizaciones no cuentan con esas habilidades para gestionar de manera adecuada la reputación de la empresa, esto a pesar de que el rol de los liderazgos corporativos durante los tiempos de crisis, es asegurarse de contar con todo el conocimiento necesario para enfrentar las problemáticas que se presentan, y que estas sean resueltas de manera adecuada, así como comunicarlo a todos los *stakeholders* involucrados.

Ángel Alloza, CEO de Corporate Excellence afirma:

> En la mayoría de los países del mundo se está formando a la alta dirección para un mundo que ya no existe. Entonces hay un decalaje, o sea, entre cómo se forma a los altos directivos, con una ausencia inexplicable de todos los temas que explican hoy el éxito, y el éxito hoy está en la gestión de los intangibles, sin embargo, no saben nada de eso, ni se les enseña nada de eso (comunicación personal, 2 de julio de 2019).

La edición 2013 del Global RepTrak 100 del Reputation Institute (Ranking the Brands, 2013), ya mostraba que el 79 % de los ejecutivos entrevistados sabía que competían en una economía basada en la reputación, pero solamente el 20 % se consideraba listo para sacar ventaja de ello, mientras que Doorley, en Mahesh Chandra Guru *et al.* (2013), señala que los CEO no le ponen demasiada atención a la reputación, con los riesgos que esto conlleva, sugiriendo que la alta dirección debería promover entre los ejecutivos y todos los trabajadores, que la reputación tuviera un fuerte soporte en la responsabilidad social corporativa, el comportamiento ético y la calidad de la oferta en esta era de la competitividad.

3.7. CONCLUSIONES DEL CAPÍTULO

La reputación corporativa es el intangible más valioso que tienen las organizaciones modernas. Derivado de la información presentada, ha quedado claro el valor diferencial que aporta en un entorno, en el que cada vez es más difícil ofrecer productos o servicios diferenciados. Era importante, además, entender que, para lograr una adecuada gestión de la reputación corporativa, es necesario comprender que también existen otros intangibles relacionados con la comunicación, cuya adecuada gestión, incide en la consecución de una excelente reputación. Los estudiosos de la reputación corporativa coinciden en que este intangible podrá adquirir mayor relevancia en la medida que pueda mostrar resultados tangibles. A partir de esto se han desarrollado diversos índices que permiten medir aspectos enlazados para que las empresas puedan lograr una buena reputación a los ojos de sus principales grupos de interés.

El carácter estatégico adquirido por la reputación corporativa lo ha llevado a convertirse en un condicionante la permanencia de una organización en un entorno de negocios cada vez más dinámico. Los avances tecnológicos, principalmente en el campo de las comunicaciones, hacen que la información se transmita con un grado de inmediatez impensable hace apenas algunos años. Eso, sumado al creciente interés que existe por conocer las actividades de las empresas, provoca que el escrutinio hacia las organizaciones, no importando su tamaño, sea cada vez mayor.

Una buena reputación corporativa se vuelve una ventaja competitiva ante el cada vez más competido entorno, de ahí que varios autores coincidan que hoy vivimos 'La Economía de la Reputación', es decir, un entorno en el que se buscan servicios, se adquieren productos, se invierte, se realizan donativos y se buscan posiciones de trabajo, en organizaciones que destacan por su prestigio y que logran diferenciarse de sus competidores. Una organización que cuenta con buena reputación se garantiza clientes leales, colaboradores comprometidos con las estrategias de la compañía, aliados clave para su competitividad y medios de comunicación dispuestos a escucharlos.

Algunas de las acciones que llevan a que una organización se asegure una buena reputación, son la innovación, la excelencia en resultados económicos y la preocupación por la comunidad. En la medida en que estas acciones estén presentes tanto en las estrategias generales de la organización y embebidas en la cultura corporativa, será posible establecer los parámetros que nos permitan medir el impacto de nuestras acciones en esta materia.

En la búsqueda de llegar a tener una buena reputación, es muy importante el acompañamiento de diferentes estrategias de comunicación corporativa. Saber dar a conocer a nuestros *stakeholders* clave lo que estamos emprendiendo nos permitirá hacerlos partícipes de estos procesos y hacerlos sentir parte de nuestra organización, con lo cual conseguiremos un compromiso activo de ellos y no una mera observación a distancia. La buena reputación es hoy una de las metas a las que aspiran las organizaciones modernas. Estas organizaciones ya no solamente van por los resultados económicos, sino que aspiran a ser unos ciudadanos corporativos reconocidos en la comunidad en la que tienen injerencia, que puede ser desde una pequeña comunidad, hasta todo el mundo.

REFERENCIAS

Allianz. (2020). *Allianz Risk Barometer 2020.* Recuperado el 10 de 10 de 2020, de Allianz: https://www.agcs.allianz.com/content/dam/onemarketing/agcs/agcs/reports/Allianz-Risk-Barometer-2020-Appendix.pdf

Abraham, S., Friedman, B., Khan, R., y Skolnik, R. (2008). Is Publication of the Reputation Quotient (RQ) Sufficient to Move Stock Prices? *Corporate Reputation Review, 11*(4), 308-319.

Amézquita, J. A., y Arredondo, F. (2019). Transparencia y rendición de cuentas Bases para un modelo de empresa cimentado en la confianza. *Boletín de Estudios Económicos, 74*(228), 517-538.

AON. (2021). Global Risk Management Survey 2021. Recuperado el 20 de 07 de 2022, de AON: https://grms.aon.com/2021-global-risk-management-survey/cover/

Argenti, P. A. (2009). *Corporate Communication.* McGraw Hill.

Argenti, P. A. (2014). *Comunicación Estratégica y su contribución a la Reputación.* LID Editorial Empresarial.

Arrizabalaga, B. (11 de Noviembre de 2020). *Entorno BANI versus VUCA: la nueva realidad.* Arrizabalagauriarte Consulting. https://arrizabalagauriarte.com/entorno-bani-versus-vuca-la-nueva-realidad/

Ayala Pérez, T. (2012). Marshall Mcluhan, las redes sociales y la Aldea Global. *Revista Educación y Tecnología*(2), 8-20.

Báez, V., Pasquel, G., y Apolo, D. (2017). Comunicación Corporativa e Intangibles. En M. Túñez López, y C. Costa-Sánchez, *Gestionar comunicación. Avances y experiencias* (pp. 33-51). La Laguna, Tenerife, España: Cuadernos Artesanos de Comunicación.

Balmer, J. (2003). The Three Virtues and Seven Deadly Sins of Corporate Brand Management. En J. Balmer, y S. Greyser(ed.), *Revealing the Corporation* (pp. 299-316). Routledge.

Balmer, J. M. (2008). An Epiphany of Three: Corporate Identity, Corporate Brand Management and Corporate Marketing. En T. Melewar (Ed.), *Facets of Corporate Identity, Communication and Reputation* (pp. 35-54). Routledge.

Balmer, J., y Gray, E. (2003). Corporate Identity and Corporate Communications: Creating a Competitive Advantage. En J. Balmer, y S. Greyser, *Revealing the Corporation* (pp. 124-135). Routledge.

Barchiesi, M. A., y La Bella, A. (2014). An Analysis of the Organizational Core Values of the World's Most Admired Companies. *Knowledge and Process Management, 21*(3), 159-166.

Barney, J. B., y Stewart, A. C. (2000). Organizational Identity as Moral Philosophy: Competitive Implications for Diversified Corporations. En M. Shultz, M. J. Hatch, y M. Holten Larsen (Ed.), *The Expressive Organization. Linking Identity, Reputation, and Corporate Brand* (pp. 36-47). Oxford University Press.

Beltrán, L.R. (2007). Un adiós a Aristóteles: La comunicación "horizontal" *Punto Cero, 12*(15), 12-36.

Bennet, N., y Lemoine, G. J. (2014). *What VUCA really means for you.* Harvard Business Review. https://hbr.org/2014/01/what-vuca-really-means-for-you

Bonilla, C. (2014). *Oportunidades de las Relaciones Públicas en la Internet.* Mexico: Señales: Proyectos de Comunicación y Cultura, S.C.

Bonime-Blanc, A. (2016). *Manual de Riesgo Reputacional.* Biblioteca Corporate Excellence.

Bravo, O. (2018). Dé los buenos días a la productividad: Liderazgo y desempeño en entornos VICA. *Debates IESA, XXIII*(1), 20-25.

Bridgeman, R. (2008). Crisis communication and the net. Is it just about responding faster... or do we need to learn a new game? En P. F. Anthonissen (Ed.), *Crisis Communication* (pp. 169-177) Kogan Page.

Burke, R. J. (2011). Corporate Reputations: Development, Maintenance, Change and Repair. En R. J. Burke, G. Martin, y C. L. Cooper, *Corporate Reputation Managing Opportunities and Threats* (pp. 3-43). Gower Publishing Limited.

Cachinero, J. (2016). Reputación e influencia en la política exterior. En J. L. Manfredi Sánchez, y C. Femenia Guardiola, *La diplomacia española ante el reto digital* (pp. 111-119). España.

Caldevilla, D., Barrientos, A., Fombona, J. (2020). Evolución de las relaciones públicas en España. Artículo de revisión, *El profesional de la información, 29*(3). 1-28

Caliskan, A., y Chang, Z. (2020). Organizational Culture and Educational Innovations in Turkish Higher Education: Perceptions and Reactions of Students. *Educational Sciences: Theory and Practice, 20*(1), 20-39.

Campbell, J. L. (2007). Why would corporations behave in socially responsible ways? An institutional theory of corporate social responsibility. *Academy of Management Review, 32*(3), 946-967.

Capriotti, P. (2009). *Branding Corporativo Fundamentos para la gestión estratégica de la Identidad Corporativa.* Santiago, Chile: Colección de Libros de la Empresa.

Capriotti, P. (2009). De la Imagen a la Reputación. Análisis de Similitudes y Diferencias. *Razón y Palabra*(70), 1-10.

Capriotti, P. (2013). *Planificación estratégica de la imagen corporativa.* Málaga, España: Instituto de Investigación en Relaciones Públicas.

Carcelén, S., y Villagra, N. (2004). Gestión estratégica de los intangibles empresariales. *Revista Antiguos Alumnos del IEEM*(13), 103-113.

Carreras, E., Alloza, Á., y Carreras, C. (2013). *Reputación Corporativa.* LID Editorial Empresarial.

Carrió Sala, M. (2013). *Gestión de la reputación corporativa.*

Libros de Cabecera.

Carroll, C. E. (2013). Corporate Reputation and the MultiDisciplinary Field of Communication. En C. E. Carroll (Ed.), *The Handbook or Communication and Corporate Reputation* (pp. 1-10). Wiley-Blackwell.

Carroll, C. E., y Olegario, R. (2020). Pathways to Corporate Accountability: Corporate Reputation and Its Alternatives. *Journal of Business Ethics, 163*(2), 173-181.

Cascio, J. (29 de Abril de 2020). *Facing the Age of Chaos.* Medium. https://medium.com/@cascio/facing-the-age-of-chaos-b00687b1f51d

Casado Molina, M., Méndiz Noguero, A., y Peláez Sánchez, J. I. (2013). The evolution of Dircom: from communication manager to reputation strategist. *Comunicación y Sociedad, 26*(1), 47-66.

Celis, E. A., y García, C. A. (2014). La incidencia de la gestión de la comunicación en la estrategia corporativa. *Informes Psicológicos, 14*(1), 49-64.

Cole, S. (2012). The Impact of Reputation on Market Value. *World Economics, 13*(3), 47-68.

Corporate Communication International. (2019). Recuperado el Enero de 2020, de CCI Corporate Communication Practices & Trends Study 2019 Final Report: https://corporatecomm.org/wp-content/uploads/2019/10/CCI-Practices-and-Trends-Study-2019-Final-Report-October-2019-1.pdf

Costa, J. (2015). *La Marca. Creación, diseño y gestión.* Trillas.

Costa, J. (2018). *DirCom el ejecutivo estratega global.* Joan Costa Institute.

Cravens, K., y Oliver, E. (2006). Employees: The key link to corporate reputation management. *Business Horizons*(49), 293-302.

Cuarana, A. (2008). An Attitudinal Measure or Corporate Reputation. En T. Melewar (Ed.) *Facets of Corporate Identity, Communication and Reputation.* (pp. 197-209) Routledge.

Chun, R. (2005). Corporate reputation: Meaning and measurement. *International Journal of Management Reviews, 7*(2), 91-109.

Davies, G., Chun, R., Vinhas da Silva, R., y Roper, S. (2001). The Personification Metaphor as a Measurement Approach for Corporate Reputation. *Corporate Reputation Review, 4*(2), 113-127.

Deloitte. (2016). *Deloitte.* Recuperado el 05 de Enero de 2020, de Deloitte: https://www2.deloitte.com/content/dam/Deloitte/uk/Documents/risk/deloitte-uk-reputation-matters-june-2016.pdf

Deister, R. (2011). Etapas del Rescate de Empresas en Crisis. En M. A. Mena (Ed.), *Gestión de Crisis.* (pp. 93-114) Siglo XXI Editores.

Doorley, J., y García, H. F. (2007). *Reputation Management: The key to succesful public relations and corporate communication.* Routledge.

Esenyel, V. (2020). Key Elements of Corporate Reputation. *Journal of Ekonomi*(04), 76-79.

Ferruz González, S. (2020). Nueva propuesta de evaluación de la Reputación Corporativa: Indicador de Desempeño Reputacional. *Doxa Comunicación*(30), 1-19.

Ferruz González, S. (2017). Conceptualización de la Reputación Corporativa. Nuevo enfoque y propuesta. *Revista de la Asociación Española de Investigación de la Comunicación, 4*(7), 130-137.

Fertik, M., y Thompson, D. (2015). *The Reputation Economy.* Crown Business.

Fombrun, C. (2018). *Reputation. Realizing Value from the Corporate Image.* Harvard Business School Press.

Fombrun, C., y Van Riel, C. (1997). The Reputational Landscape. *Corporate Reputation Review, 1*(1-2), 5-13.

Fortune. (s.f.). *Fortune.* Recuperado el 10 de 04 de 2020, de Methodology for World's Most Admired Companies: https://fortune.com/worlds-most-admired-companies/2019/methodology/

Fuentes Pérez, M. A. (2019). Responsabilidad Social Empresarial, Comunicación y Mercadotecnia: factor esencial de posicionamiento efectivo. *Revista Daena (International Journal of Good Conscience), 14*, 53-74.

Gaines-Ross, L. (2008). *Corporate Reputation. 12 Steps to safeguarding and recovering reputation.* John Wiley & Sons Inc.

García Nieto, M.T., Viñarás, M., Cabezuelo, F. (2020). Medio siglo de evolución del concepto de Relaciones Públicas (1970-2020) Artículo de revisión. *El profesional de la información 29*(3), 1-11.

García Zambrano, L., Rodríguez Castellanos, A., y García Merino, J. (2014). Una gestión activa de los intangibles empresariales y su incidencia en los resultados financieros de un modo sostenible. *Estudio de Economía Aplicada, 32*(3), 1117-1132.

Gardberg, N., y Fombrun, C. (2002). The Global Reputation Quotient Project: First Steps towards a Cross-Nationally Valid Measure of Corporate Reputation. *Corporate Reputation Review, 4*(4), 303-307.

González Oñate, C., y Monleón López, P. (2013). La gestión de intangibles en la Dirección de Comunicación Corporativa. Estudio sobre el DirCom en las organizaciones de Reino Unido. *Doxa.Comunicación*(17), 27-56.

Goodman, B., M., y Hirsch, P. B. (2012). *Corporate Communication. Tactical Guidelines for Strategic Practice.* Business Expert Press.

Grabmeier, S. (2020). *BANI versus VUCA.* stephan grabmeier. https://stephangrabmeier.de/bani-versus-vuca/

Groysberg, B., Lin, E., Serafeim, G., y Robin, A. (2016). *The Scandal Effect.*Harvard Business Review. https://hbr.org/2016/09/the-scandal-effect

Grunig, J. (2003). Image and Subtance. En J. Balmer, y G. Stephen (Ed.) *Revealing the Corporation* (pp. 204-222). Routledge.

Gómez, A. (16 de febrero de 2018). *Daniel Innerarity: "Vivimos en una sociedad desorientada".* Recuperado el 31 de 10 de 2020, de Diario Sur: https://www.diariosur.es/culturas/daniel-innerarity-vivimos-20180216213729-nt.html

Hatch, M. J., y Shultz, M. (2000). Scaling the Tower of Babel: Relational Differences between Identity, Image and Culture in Organizations. En M. Shultz, M. J. Hatch, y M. Holten Larsen (Ed.) *The Expressive Organization. Linking Identity, Reputation, and the Corporate Brand.* Oxford University Press.

Havas Group. (s.f.). Recuperado el 20 de Julio de 2019, de Amazon Storage Services: https://s3.amazonaws.com/media.mediapost.com/uploads/MeaningfulBrands2019.pdf

He, H.-W., y Balmer, J. M. (Diciembre de 2007). Identity studies: Multiple Perspectives and Implications for Corporate-Level Marketing. *European Journal of Marketing, 41*(7/8), 765-785.

Hoffman, J., y Bonime-Blanc, A. (2017). Seeing Opportunity in Reputation Risk. *Directorship*, 56-59.

Hulberg, J. (Septiembre de 2006). Integrating corporate branding and sociological paradigms: A literature study. *Journal of Brand Management, 14*(1/2), 60-73.

Instituto de Análisis de Intangibles. (Enero de 2007). *La Comunicación de Intangibles en España.* Recuperado el 21 de 02 de 2021, de Portal de Relaciones Públicas: https://www.rrppnet.com.ar/comunicaciondeintangibles.pdf

Interbrand. (s.f.). *Best Brands.* Recuperado el 31 de 01 de 2021, de Interbrand: https://interbrand.com/best-brands/

Kaplan, S. E., A., S. J., y Jeffrey., C. (2015). An Examination of the Effect of CEO Social Ties and CEO Reputation on Nonprofessional Investors' Say-on-Pay Judgments. *Journal of Business Ethics*(126), 103-117.

Kaul, A., y Desai, A. (2014). *Corporate Reputation Decoded.* New Delhi, India: SAGE.

Keilthy, J. (20 de septiembre de 2012). *Reputation Management - What they don't teach CEO's at university!* Our Thinking. https://www.reputation-inc.com/our-thinking/reputation-management-what-they-dont-teach-ceos-at-university

Kitchen, P. J., y Laurence, A. (2003). Corporate Reputation: An Eight-Country Analysis. *Corporate Reputation Review, 6*(2), 103-117.

KPMG. (2023). *Perspectivas de la Alta Dirección en México 2023.* Recuperado el 15 de 10 de 2023, de KPMG: https://kpmg.com/mx/es/home/campaigns/2023/01/perspectivas-de-la-alta-direccion-en-mexico-2023.html

Kristandl, G., y Bontis, N. (2007). Constructing a definition for intangibles using the resource based view of the firm. *Management Decision, 45*(9), 1510-1524.

Limón Peña, M. (2015). *Imagen Corporativa.* Trillas.

Lizarzaburu, E., y del Brio, J. (2016). Responsabilidad Social Corporativa y Reputación Corporativa en el sector financiero de países en desarrollo. *Revista Globalización, Competitividad y Gobernabilidad, 10*(1), 42-65.

Llorente & Cuenca. (2014). *Reputación y Ciudadanía.* Madrid, España: Llorente & Cuenca.

Llorente, J. A. (2019). Comunicar en un mundo transparente. En *Transparencia Radical.* Punto de Vista Editores.

Love, G. E., Lim, J., y Bednar, M. K. (2017). The face of the firm; The influece of CEO's on corporate reputation. *Academy of Management Journal, 60*(4), 1462-1481.

López-López, Paulo Carlos; López-Golán, Mónica; Puentes-Rivera, Iván. (2017). Hipertransparencia y nuevas tecnologías: análisis de la información pública en TVE y RPT. *Proceedings of the 12th Iberian Conference on Information Systems and Technologies,* (pp. 982-987). Lisboa.

LLYC. (Agosto de 2013). *Revista UNO.* Recuperado el 06 de 06 de 2020, de LLYC: https://www.revista-uno.com.br/uno/la-emergencia-de-la-economia-de-la-reputacion-corporativa/

LLYC. (22 de Noviembre de 2017). *Los desafíos de la comunicación corporativa tras la recuperación.* Recuperado el 06 de 06 de 2020, de LLYC: https://actualidad.llorenteycuenca.com/temas/noticias/los-desafios-de-la-comunicacion-corporativa-tras-la-recuperacion

LLYC. (21 de Noviembre de 2018). *Claves y errores al gestionar crisis reputacionales en una sociedad global.* Recuperado el Febrero de 2020, de https://ideas.llorenteycuenca.com/2018/11/la-transparencia-el-as-de-la-gestion-de-crisis/

Mlodzik, P. (2006). Branding and Brand Management. En T. Gillis, *The IABC Handbook of Organizational Communication* (pp. 400-413). San Francisco, California, Estados Unidos: Jossey-Bass.

McShane, S., y Von Glinow, M. A. (2002). *Organizational Behavior.* Estados Unidos: McGraw Hill.

Mahesh Chandra Guru, B., Sanjeevaraja, N., Gopala, y Parashivamurthy, M. (2013). Essentials of Corporate Communication for Reputation Management:.An overview. *Global Journal of Management & Global Perspective, 2*(4), 134-140.

Mahon, J., y Wartwick, S. (2012). Corporate social performance profiling: using multiple stakeholder perceptions to assess a corporate reputation. *Journal of Public Affairs, 12,* 12-28.

Marcas Renombradas. (s.f.). Recuperado el 20 de Febrero de 2021, de RepTrak Pulse España 2013: https://www.marcasrenombradas.com/wp-content/uploads/2013/11/2013_RepTrak_Pulse_Espana.pdf

Martínez León, I., y Olmedo Cifuentes, I. (2006). Relación entre cultura organizativa y reputación de una empresa. *V Encuentro Iberoamericano de Finanzas y Sistemas de Información Alicante,* (pp. 1-21). Alicante.

Martínez León, I., y Olmedo Cifuentes, I. (2009). La Medición de la Reputación Empresarial: Problemática y Propuesta. *Investigaciones Europeas de Dirección y Economía de la Empresa, 15*(2), 127-142.

Martínez, I., y Olmedo, I. (2010). Revisión teórica de la reputación en el entorno empresarial. *Cuadernos de Economía y Dirección de la Empresa*(44), 59-78.

Mayol Marcó, D. (2010). Identidad e imagen en Justo Villafañe. *Signo y Pensamiento, XXXIX*(57), 506-519.

Melewar, T. (2003). Determinants of the corporate identity construct: a review of the literature. *Journal of Marketing Communications, 9*(4), 195-220.

Merino, M. d., y Pintado, T. (2014). Auditoría y Estrategia de Imagen. En J. Sánchez, y T. Pintado, *Imagen Corporativa. Influencia en la gestión empresarial* (pp. 88-108). Ciudad de México, México: Alfaomega Grupo Editor.

Miralles-Marcelo, J. L., Miralles-Quiros, M. d., y Daza-Izquierdo, J. (2014). Reputación corporativa y creación de valor para el accionista. *Universia Business Review*, 16-33.

Molinaro, V. (4 de diciembre de 2014). *Why a Corporate Scandal Will Follow You Event If You Weren't Involved.* Harvard Business Review. https://hbr.org/2014/12/why-a-corporate-scandal-will-follow-you-even-if-you-werent-involved

Morales Blanco Steger, B., y Fuente Cobo, C. (2018). Confianza de las audicencias en las marcas televisivas: Propuesta de indicadores de responsabilidad social y reputación corporativa. *El Profesional de la Información, 27*(3), 537-547.

Mukherjee, A. S. (28 de diciembre de 2016). *Why we're seeing so many corporate scandals.* Harvard Business Review. https://hbr.org/2016/12/why-were-seeing-so-many-corporate-scandals

OCDE. (s.f.). *Organización para la Cooperación y el Desarrollo Económico.* Recuperado el 01 de 02 de 2021, de Líneas Directrices de la OCDE para Empresas Multinacionales: https://www.oecd.org/daf/inv/mne/MNEguidelinesESPANOL.pdf

Orozco-Toro, J. A., y Ferré-Pavia, C. (2017). Los índices de medición de la Reputación Corporativa en la cadena de valor de las empresas de comunicación, una propuesta. *Austral Comunicación, 6*(2), 229-252.

Paladines Carranza, S. d., y Yaguache Quichimbo, J. J. (2020). Confianza y reputación en tiempos de infoxicación. En R. Puertas-Hidalgo, M. Abendaño, y C. Valdiviezo-Abad, *Comunicar: de la táctica a la estrategia* (Vol. 178, pp. 135-149). Cuadernos Artesanos de Comunicación.

Pallarés Renau, M., y López Font, L. (2017). Merco y RepTrak Pulse: Comparación cualitativa de atributos, variables y públicos. *Ícono 14, 15*(2), 190-219.

Pérez Chavarría, M., y Rivera Beivide, J. (2015). *Gestión de Reputación Corporativa en Empresas Mexicanas: Realidades, Perspectivas y Oportunidades.* Recuperado el 11 de 06 de 2020, de Ideas Llorente & Cuenca: https://ideas.llorenteycuenca.com/wp-content/uploads/sites/5/2015/02/150210_dmasi_libro_reputacion_empresas_mexicanas.pdf

Pérez, A., y Rodríguez Del Bosque, I. (2014). Identidad, imagen y reputación de la empresa: integración de propuestas teóricas para una gestión exitosa. *Cuadernos de Gestión, 14*(1), 97-126.

Pfister, B., Schwaiger, M., y Morath, T. (2020). Corporate reputation and the future cost of equity. *Business Research, 13*, 343-384.

Pintado, T., y Sánchez, J. (2014). La Importancia de la Imagen en las Empresas. En J. Sanchez, T. Pintado (Ed.) *Imagen Corporativa. Influencia en la gestión empresarial* (pp. 15-48). Alfaomega Grupo Editor.

Ponzi, L., Fombrun, C., y Gardberg, N. (2011). RepTrakTM Pulse: Conceptualizing and Validating a Short-Form Measure of Corporate Reputation. *Corporate Reputation Review, 14*(1), 15-35.

Pulido San Román, A. (2008). Una revisión de conjunto de la economía de los intangibles. *Estudios de Economía Aplicada, 26*(2), 29-42.

Ranking the Brands. (2013). *Ranking the Brands.com.* Recuperado el 13 de 01 de 2021, de https://www.rankingthebrands.com/PDF/Global %20RepTrak %20100 %20Report %202013, %20 Reputation %20Institute.pdf

Schlesinger Díaz, M. W., y Alvarado Herrera, A. (2009). Imagen y reputación corporativa. Estudio empírico de operadoras de telefonía en España. *Teoría y Praxis*(6), 9-29.

Schein, E. H. (2010). *Organizational Culture and Leadership.* San Francisco, California, Estados Unidos: Jossey Bass.

Salinas, G., y Alloza, Á. (2015). El efecto de la marca y la reputación en el valor de la empresa. *Estrategia Financiera, 30*(325), 48-53.

Sanchez, P. (2006). Organizational Culture. En T. Gillis, *The IABC Handbook of Corporate Communication* (pp. 31-43). Jossey-Bass.

Sanna, D. (Junio de 2013). Desafíos actuales frente a la medición de la reputación corporativa. *Austral Comunicación, 2*(1), 79-104.

Sebastián Morillas, A., y López Vázquez, B. (2013). Cultura Corporativa. En J. Sánchez, y P. Teresa, *Imagen Corporativa. Influencia en la Gestión Empresarial* (pp. 109-146). Alfaomega Grupo Editor.

Serrano, F., Gonzálvez, J.E., Viñarás, M. (2019). La gestión de las redes sociales en la comunicación política y su influencia en la prensa. *index comunicación, 9*(1), 173-195.

Shakespeare, W. (1998). *Otelo Romeo y Julieta.* Santiago, Chile: Andres Bello.

Sims, R. R., y Brinkmann, J. (2003). Enron Ethics (Or: Culture Matters More than Codes). *Journal of Business Ethics, 45*, 243-256.

Simó, P., y Sallán, J. M. (Agosto de 2008). Capital intangible y capital intelectual: Revisión, definiciones y líneas de investigación. *Estudios de Economía Aplicada, 26*(2), 65-78.

Smith, L., y Mounter, P. (2008). *Effective Internal Communication.* Kogan Page.

Sohn, Y., y Lariscy, R. (2012). Resource-Based Crisis Management: The Important Role of the CEO's Reputation. (T. &. Group, Ed.) *Journal of Public Relations Research*(24), 318-337.

Solano Fleta L. (2001). El papel del profesional de las relaciones públicas en la administración de la controversia pública. *Revista de la SEECI,* (8), 14-29

Solano Santos L.F. (2010). Análisis de la Imagen Corporativa: Introducción a la Iconometría. *Estudios sobre el mensaje periodístico 16*, 457-467.

Suárez Morán, E. (2020). Do corporations care? Corporate Social Responsibility and firm's engagement. *EconoQuantum, 17*(1), 7-27.

Torres, J. (19 de Octubre de 2020). *Expansión.* Recuperado el 05 de Febrero de 2021, de https://expansion.mx/opinion/2020/10/19/es-el-fin-del-entorno-vuca-vivimos-tiempos-bani

Valenzuela Fernández, L., Jara-Bertin, M., y Villegas Pineaur, F. (Mayo de 2015). Prácticas de responsabilidad social, reputación corporativa y desempeño financiero. *Revista de Administração de Empresas, 55*(3), 379-344.

van Bekkum, T., Cornelissen, J., y van Ruler, B. (2008). Corporate communication and corporate reputation. Understanding how (best) practices make difference. En T. Melewar (Ed.), *Fascets of Corporate Identity, Communication and Reputation* (pp. 83-95). Routledge.

Van Riel, C. B. (2012). *Alinear para ganar.* Madrid, España: LID.

Vargas, J. G., y Ortiz, S. (Enero de 2014). El capital reputacional como cuestionamiento ético de la innovación tecnológica en Monsanto. *Revista Dimensión Empresarial, 12*(1), 15-25.

Vella, K. J., y Melewar, T. (2008). Explicating the relationship between identity and culture. A multi-perspective conceptual model. En T. Melewar (Ed.) *Facets of Corporate Identity, Communication and Reputation.* (pp. 3-34)Routledge.

Veh, A., Göbel, M., y Vogel, R. (2019). Corporate reputation in management research: a review of the literatures and assessment of the concept. *Business Research, 12,* 315-353.

Villafañe, J. (2005). La gestión de los intangibles empresariales. *Comunicação e Sociedade, 8,* 101-113.

Villafañe, J. (2008). *La Gestión Empresarial de la Imagen Corporativa.* Ediciones Pirámide.

Villafañe, J. (2013). *La Buena Empresa.* Pearson Educación.

Villagra, N., López, B., y Monfort, A. (2015). La gestión de intangibles y la marca corporativa: ¿ha cambiado algo en la relación entre las empresas y la sociedad? *Revista Latina de Comunicación Social*(70), 793-812.

Viñarás, M., Herranz, J.M., Cabezuelo, F. (2010). La comunicación corporativa de los museos en España a través de la comunicación 3.0: cuatro años de evolución comunicativa en la Red. En F. y. Ortega, *Nuevos Medios, Nueva Comunicación. Libro de actas del II Congreso Internacional de Comunicación 3.0.* (pp. 561-578).

Walker, J. M. (1999). *La Grecia Antigua.* Edimat.

Watson, T., y Kitchen, P. J. (2008). Corporate Communication: reputation in action. En T. Melewar (Ed.), *Fascets of Corporate Identity, Communication and Reputation* (pp. 121-140). Routledge.

Weber Shandwick. (14 de 01 de 2020). *The State of Corporate Reputation in 2020: Everything Matters Now.* Recuperado el Julio de 2020, de Weber Shandwick: https://www.webershandwick.com/news/corporate-reputation-2020-everything-matters-now/